今さら聞けない料理のこつ

レシピ以前に知っておきたい

有元葉子

大和書房

はじめに

もっと楽しく、ラクに料理をするために

料理は楽しんでやれば上手になります。しなくてはならないことは楽しんでやる、気持ちの持ち方ひとつです。疑問や悩みがあるのは、料理上手への第一歩。そんな思いでこの本では、ふだん私がしていることをお伝えします。

まずは、よくいただく三つの質問にお答えします。

Q 1

毎日のごはん作りに追われている感じがします。どうしたら、肩の力を抜いて料理ができるようになりますか？

A ふだんのおかずは、旬の野菜をさっと炒めるだけでもいいのです。

ご飯、汁物、肉や魚のおかず、副菜……といった完全な理想の献立を整えようと思ったら、料理はとても大変です。ふだんのおかずは、きっちりした献立を考えるのではなく、旬の野菜を炒めたり煮たりするぐらいでいいのです。そこにちょっと、油揚げやじゃこやお肉などが入っていれば十分。あとはみそ汁か、汁物を作るのが大変なら、ほうじ茶を添えても大丈夫。うちはいつもそんな感じです。

食事のバランスは、少し長いスパンで見るようにすると、食事作りはラクになります。1食で考えるのではなく、1日、2日のトータルで見たときに、肉や魚や豆腐や卵などのタンパク質、野菜、海藻、穀物などがいろいろ食べられていれば、それでよいと思います。

今晩のおかずを何にしよう、と悩んだときは、旬の素材から考えるのもひとつです。今は旬が曖昧になりつつありますが、それでも旬はちゃんとあります。旬の素材とは？と学ぶ姿勢も大切です。おいしく、栄養価が高く、値段も安い。これ以上のものはありません。

一年中お店に並んでいるあさりも、春になると身がぷっくりとふくらみ、うまみをたっぷり含んで格別なおいしさになります。鍋にあさりと水を入れて火にかけ、口が開いたらみそを溶くだけで、とてもおいしいみそ汁のできあがり。炊きたてのご飯とあさりのみそ汁は、日本の春の楽しみです。

夏のきゅうりやトマト、秋のいもやきのこ、冬の青菜や大根など、イキのいい季節の野菜は手をかけなくてもおいしく食べられます。味つけも塩をふったり、しょうゆをちょっとかけたりするだけでOK。小松菜と油揚げをサッと炒めてしょうゆで味つけしたものを、私は秋冬になると毎日のように食べています。何しろおいしいので。

家庭料理はこんなふうに、元気な素材を簡単かつシンプルに調理するだけでいいのです。手の込んだことをする必要はありません。むしろそのほうがおいしいし、旬の素材は栄養価も高いので体にもいいはずです。

Q 2

夕食のしたくで、いつもあたふたしてしまいます。

A

時間や手間のかかる原因は何でしょう？それを考えて、解決策を立てる。私も日々それをしています。

食事のしたくにどうして時間がかかってしまうのか、客観的に自分の行動を見てみるとよいでしょう。料理の下ごしらえに時間がかかっているのか、キッチンの動線に問題があるから料理の効率が悪いのか、はたまたほかに問題があるのか。意外に、水切りかごの中に洗ったものがたくさん入った状態になっているから、それで料理作りの流れが滞って、スムーズに進まない、ということだってあると思います。

私自身が感じているのは「煮たり焼いたりの最終段階よりも、食材の下ごしらえが、じつはいちばん手間がかかり、そこができていないと料理はうまくいかない」ということ。

私は時間をみつけて前もって夕食の野菜の下ごしらえをしておくことがよくあります。小松菜を洗って冷水に浸けてシャキッとさせ、葉と茎とに切り分けて冷蔵庫に入れておけば、帰宅後は油をひいた鍋で油揚げを炒め、小松菜を加えて炒めればいいわけです。「疲れたから料理をしたくない」なんて言っている暇もなく、おいしい野菜のおかずができます。

夜に肉じゃがを作ろうと思ったら、朝にじゃがいもの皮をむき、切って水に浸けるところまでやってボウルごと冷蔵庫に入れておきます。玉ねぎも皮をむいて、丸のまま水に浸けて冷蔵庫へ。ここまでやっておけば、夜は牛肉を炒め、じゃがいもと切った玉ねぎを加えて、冷凍しておいただしや調味料を加えて煮るだけで、肉じゃがができます。

キッチンの動線や収納にしてもそうです。「こっちのほうが取り出しやすいかな」と、私はしょっちゅう、棚の中の物の置き場所を変えています。そうして少しでも無駄のないように、便利なように、気持ちのいいように、自分でキッチンを整えていくと、それをすること自体が楽しくなっていきます。

料理の手順も、キッチンの使い方も、いきなりではなく少しずつ変えていくのがコツかもしれません。気がついたら少しずつ改善していく。台所仕事に正解はないのだから、自分のやりやすいように、自分でシステムを作っていけばいいわけです。

Q 3

味つけに自信がありません。

A

味はつけなくてもいいぐらい。食卓で塩をふればいい、ぐらいの気持ちでいいのです。

味つけに気をつかうよりも、元気な野菜を歯ごたえよくサッとゆでることのほうが大事です。おいしくゆでた野菜は、そのまま食べてもおいしいです。ただ、ご飯のおかずには少し塩分やコクが欲しい。そこで塩をふったり、しょうゆをかけたり、オイルであえたりするわけです。

味つけはシンプルがおすすめです。そのほうが素材自体の味がよくわかる。いろいろな調味料や香辛料を混ぜた市販のたれやドレッシングは、便利ではありますが、何に使ってもその味になってしまいます。素材の味を楽しむには、まず素材本来の味を知ること。そうすれば、おのずと味つけはシンプルになるはずです。塩だけ、しょうゆだけ、みそだけ、というおいしさを知っていただきたいです。

●

この本ではこんなふうに、旬のことやレシピ以前の基本など、料理にまつわる数々の素朴な疑問に答えていきます。でもあくまでも長年料理をしてきた私の考えや、私のやっていることの紹介です。参考にしていただいて、「正解」はご自分で見つけてほしいのです。

大根を皮つきのまま炒めてみて「やっぱり皮がないほうがいいな」と思ったら、どうぞ皮をむいて作ってください。私自身は料理にあまり砂糖を使わないので、「もう少し甘くしたい」と感じたら、みりんや砂糖を入れてご自分の味を作ってください。「このほうが好き」「こっちのほうがいい」と思えば、どんどん変えていただきたいのです。

そうして自分で感じながら料理をするようになると、「食べるものを作る」ことがラクで楽しいものとなっていきます。決められたとおりにするのではなく、自分の感覚に耳を澄ませ、どんなふうにするのがいいかな、と考えながら料理をするのです。

この本が、みなさんの料理の感覚を刺激する一冊になりますようにと願っています。

今さら聞けない料理のこつ　目次

1章　選ぶ・買う

2章 保存する

3章　料理する

4章　道具と片づけ

１章　選ぶ・買う

Q 4

大根は一年中売られていますが、
いつがいちばん
おいしいですか？

A

冬の大根と夏の大根はまるで別物です。
それぞれの味わいがありますが、
大根がみずみずしくなるのは冬です。

一年中ある大根も、夏と冬とでは味わいがまるで違います。

冬の大根は太くみずみずしく輝くようで、中から力がみなぎった白い肌です。水分がたっぷりで、生で食べても煮て食べてもおいしい冬野菜の王様。一方、夏の大根は細めであまりハリがなく、皮がかたく辛いです。

最近店頭に並ぶ大根はほとんどが青首大根で、生えているところを見ると、葉に近い上のほうは土から出ていて陽や風に当たっています。このため皮が厚く身が詰まっています。対して下のほうは土にもぐっているため、みずみずしさが保たれ、皮はやわらかめです。

おでんのように分厚く切って、だしでゆっくり煮るときは、冬の大根の上のほうから真ん中あたりを使いましょう。ここは煮ておいしい部位です。大根おろしにするなら、みずみずしさに加えてすりおろしやすさも必要ですから、下のほうを使うのがよいでしょう。ただ1本の中で比較すれば、という話なので、冬の立派な大根ならどこをどのように使ってもおいしいです。

夏の大根は辛みが強いですから、夏場のそばの薬味などにぴったりです。歯ごたえがよいので、ぬか漬けにしてもおいしい。ちょっとピリッとするのが、夏場にはおいしく感じられます。

大根は上と下とで食感が違います。上のほうの緑色の部分は皮が厚くて筋もかたく、下のほうが皮が薄くやわらかいです。

【左下】　炒め煮にするときは、皮つきのまま乱切りに。炒めてから煮る調理法なら火の通りも早いので、大ぶりに切ったほうが大根のおいしさを味わえる。みそ汁に入れるなら、皮をむいて薄い輪切りにしてからせん切りにする千六本で。繊維が断ち切れるので、ふわっとやわらかい口当たりになる。

皮つきのまま
乱切り
千六本

Q 5

大根おろしは
皮をむいてから
おろしますか？

A

皮をむいておろします。
おろしたら水分をきりすぎないのが、
おいしい大根おろしのコツです。

大根を輪切りにして切り口を見ると、皮のすぐ内側に筋があって、皮もですが、そこがかたいのです。ですから筋の部分まで少し厚めに皮をむいてからおろします。そうすると、ふわっとしてなめらかな、雪のような大根おろしができます。皮をむかずにおろすと、コリッとかたいところもある大根おろしに。これはこれでいいものです。

おろしたら、出た水分ごと、ボウルに重ねたざるに移します。そして使う直前に、ざるを上げて軽く水気をきって使います。こうするとみずみずしさが残っておいしい。絞りすぎは禁物です。大根おろしは添え物にするだけでなく、たっぷりの大根おろしでゆでた青菜をあえる「おろしあえ」や、納豆やお餅と大根おろしをからめる「からみ餅」など、いろいろな食べ方を楽しんでいただきたいです。

そして大根の皮をむいたら、捨てないで使いましょう。短冊切りなどに食べやすく切ってざるに並べ、天気のいい日だったら3時間ぐらいベランダなどに出しておきます。こうして少し干すと、水分がちょっと抜けて、よりコリッとした歯ごたえになります。びんに入れて、大根が半分浸かるぐらいしょうゆを入れ、ふたをしてシャカシャカとふって冷蔵庫に入れておく。昆布やしょうがが、唐がらしを加えても。これだけで、とてもおいしい大根の皮のしょうゆ漬けができます。干した大根の皮は油揚げと炒めてもおいしいです。

たっぷりの大根おろしで「からみ餅」はいかが？
お餅は、焼き網でガス火で焼くか、トースターやグリルで焼きます。

◉からみ餅

① 焼き網をよく熱して、餅を焼く。
② 大根の皮を厚めにむき、おろし金ですりおろし、ボウルの上に重ねたざるに水分ごと移す。食べる少し前にざるを斜めにするなどして水気を軽くきる。納豆をよくかき混ぜる。
③ 器に餅をのせて納豆を添え、大根おろしをのせてしょうゆをかけ、餅にからめていただく。

Q 6

同じ野菜でも、皮をむく場合とむかない場合があるのはなぜですか?

A

料理次第です。歯ごたえ、香ばしさ、野趣めいたうまみが欲しいときは皮つきです。

根菜は皮にいちばん香りがあります。わかりやすい例は、きんぴらでしょうか。ごぼうやにんじんを、皮つきでせん切りにして、油でカリッと炒めたきんぴらはおいしい。シャキシャキとした歯ごたえと香ばしさが魅力の料理です。

大根を汁物に入れるときも、たとえば豚汁みたいなものなら、私はたいてい皮はむきません。皮つきのまま、やや厚めに食べやすく切ったほうが、豚汁の強い味に合います。

みそ汁でも、みずみずしくやわらかく煮えた大根を味わいたいときは、皮をむきます。その場合は薄い輪切りにしてから数枚を重ね、端からごく細いせん切りにしていきます。こうして繊維を断ち切るように細いせん切りにすることを「千六本《せんろっぽん》」といいます。千六本の大根はふんわりとしたやわらかさが身上ですから、そこに皮はいらないわけです。

大根を煮るとき、おでんやふろふき大根なら、やわらかさを求める料理なので皮をむきます。一方、炒め煮にするならば皮つきです。油で炒めてから鶏肉などと煮る炒め煮は、皮つきのままのほうが大根の強さが味わえておいしいです。

皮は中身を守るものですから中身に比べてかたいです。でも濃いうまみがある。だから何でもかんでも皮をむいてしまわずに、皮つきのまま料理してみたり、皮じたいを味わうこと（23ページ）もぜひ試していただきたいです。

「炒め煮」をしてみましょう。大根は皮つきのままでも、炒めてから煮ると早く火が通ります。

◎大根とこんにゃくと鶏手羽先の炒め煮

① 大根は皮つきのまま、大きめの乱切りにする。葉はきざんでサッとゆでておく。しょうがは皮をむき、せん切りにして水に浸けておく。こんにゃくは下ゆでをして食べやすくちぎり、水気を拭く。

② 鍋(なるべく浅めの鍋)を温めて多めの油をひき、しょうがの皮と鶏手羽先を入れて焼きつける。鶏が色づいたら大根を入れ、しっかりと焼き色がつくまで焼く。

③ こんにゃくを加えて炒め、多めの日本酒としょうゆを入れ、材料がひたひたになる程度に水を加える。ふたをして強めの中火にかけ、沸いたら火を少し弱め、大根がやわらかくなるまで煮る。器に盛って大根の葉を散らし、水気をきったしょうがをのせる。

Q7

野菜の旬というものが、
いまひとつわかりません。

A

私たちが肌で
四季のうつろいを感じるように
野菜も自然のサイクルと
連動しています。

春は芽吹きの季節。雪の中から顔を出すフキノトウをはじめ、まずは山菜が採れます。それから新キャベツ、新玉ねぎ、新にんじん、新ごぼう……春の野菜は、生まれたてのようなみずみずしさで、色が淡くてやわらかいです。絹さや、スナップエンドウ、いんげん、グリーンピース、そら豆など、薄緑色のきれいなマメ科の野菜も4〜5月頃が収穫どき。

夏になれば、きゅうり、かぼちゃ、スイカなどウリ科の野菜が採れます。なす、トマト、ピーマン、シシトウといったナス科の野菜も旬。梅雨の間に蔓《つる》をグングンと伸ばして成長した植物が太陽に照らされて実を熟させ、それを私たちがいただくのです。

一年中あるきゅうりも、夏の露地物は格別です。皮を薄くむいたとき、皮の下まできれいな翡翠《ひすい》色をしているきゅうりがおいしい。夏の野菜は水分が多くて体を冷やすので、そういう意味でも、ほかの季節には私は積極的にはきゅうりを買いません。夏の野菜は体を冷やす、冬の野菜は体を温める——と覚えておくとよいです。

秋から冬にかけては、土の中で育つ野菜が収穫される季節。里いも、さつまいも、大根、ごぼう、れんこんなどの根菜が旬を迎えます。きのこも秋が旬です。

ほうれん草、小松菜、春菊といった通年ある青菜も、冬には株が太くなり、葉も大きく立派になります。青菜は寒い季節にこそおいしいのです。白菜も冬が旬の野菜です。

Q 8

「旬に食べてこそ！」とはっきり違いがわかるものはありますか？

A

たくさんあります。
まず、あさり。
春から初夏までのあさりは、身がふっくらしていて味も濃いです。

殻いっぱいに身がふくらみ、味の濃いおつゆもたっぷりで、旬のあさりのおいしさは格別です。これが寒い時期だと殻は立派でも身がやせていて、だし汁もあまり出ません。

春から初夏にかけては、おいしいあさりを食べないともったいないです。うまみがよく出るので、だしいらずで、とびきりのみそ汁やお吸い物ができます。

あさりはなめて少ししょっぱいと感じる海水ぐらいの塩水に浸けて、砂出しをします。あさりが呼吸しやすいように、バットにあさりの半分の高さまで塩水を入れ、ふたをして冷蔵庫に半日から一晩入れます。そうすると砂や汚れをたくさん出して、身がおいしくなります。

食べるときは殻と殻とをこすり合わせるようにしてよく洗い、鍋に入れて水をはり、ふたをして火にかけます。しばらくして口が開いたら、火を止めます。身をおいしく食べたいときは煮出しすぎないように。

味つけは控えめがいいです。あさりの汁は少し塩気があるので、飲んでみてご自分の感覚で、お吸い物ならばほんの少々の塩やしょうゆを加えてください。みそ汁ならばみそで味つけします。

Q 9

しじみを
買ったことがありません。
あさりと同じように
扱えばいいのですか？

A

しじみはまた違うおいしさがあります。
私は7月頃の旬のしじみを
冷凍しています。

あさりの旬が終わると、次はしじみのシーズンです。しじみの旬は夏と冬。しじみは小さいので、身を食べるというよりも、スープが魅力です。みそ汁やお吸い物はもちろん、私はしじみのスープの中華風のそばも好きです。

海にいるあさりとは違い、しじみは湖などの淡水域や汽水域《きすい》に生息しているので、真水で砂出しをします。バットやボウルにしじみを入れ、水を入れて、冷暗所や冷蔵庫に4〜5時間置きます。それから、しじみは何度も水を替えてよく洗うことが大事です。

洗って水気をきったしじみを鍋に入れ、水を加え、ふたをして火にかけます。貝が口を開いても、あさりのときとは違ってすぐには火を止めず、しっかり煮出して、うまみを汁に出しきります。しじみの量はお好みですが、たっぷりのほうがおいしいです。

白濁したスープがとれたら一度濾《こ》します。砂が残っていることがあるからです。味をみて、お吸い物なら塩やしょうゆを加え、みそ汁ならみそを溶きます。ラーメンのスープには塩だけの味つけで十分おいしい。ゆでた麺にスープをかけるだけでOKです。

私は旬のしじみを買ったら冷凍しておきます。砂出しし、洗って水気をきった状態で冷凍しておけば、使うときは凍ったまま鍋に入れ、水を入れて煮るだけ。おいしいしじみが旬以外の時期にも食べられます。

Q 10

新キャベツと
普通のキャベツ、
新玉ねぎと
普通の玉ねぎは
どのように違いますか？

A

「新」のつく野菜はやわらかくて、
食感も味わいもやさしいです。

ぎっしりとかたく巻いた冬のキャベツと違って、春に採れる新キャベツはふんわりとしていて、巻きがゆるく、葉の数が少ないです。食べるとてもやわらかくてみずみずしく、特別なおいしさがあります。生で食べるか、生に近い状態でサッと火を通して食べるのに向きます。葉が少ないので1玉が一度に食べきれてしまいます。新キャベツは出回る時期が短いので、春先にせっせと食べたい野菜です。

同じく新玉ねぎもみずみずしくてやわらか。色が白くて辛みが少なく、生で食べるのに向きます。ぜひ生でサラダやあえ物にして、存分に味わってください。こちらも出回る時期が短い、春限定のお楽しみです。

夏に向かうと「新」のつく野菜は姿を消して、一年中出回る普通のキャベツや普通の玉ねぎになります。もちろん、こちらはこちらで持ち味があります。じっくり炒めて玉ねぎの甘みを出したいミートソースやカレーなどには、普通の玉ねぎが向いています。貯蔵期間が長く、皮が茶色になっている〝ひね玉ねぎ〟が適しています。

普通のキャベツは、炒めたり、スープなどの煮込み料理に入れたりして火を通すと、甘みが出るのが魅力です。

Q 11

おいしいトマトは
どうやって選びますか？

A

トマトは一年中あるけれど、
お盆を過ぎたあたりの
露地物のトマトが格別です。

今はいろいろな種類のトマトが一年中出回っています。最近のトマトは、甘さだけを追求しているものも多いですが、トマトのおいしさには甘みだけではなく、酸味が必要です。本来、トマトの旬は夏です。トマトがぐんぐんと成長してやがて青い実をつけ、夏本番となって気温が上昇するとともに実が赤くなって熟していく。お盆を過ぎたあたりの、木の上で赤くなったトマトは最高においしい。

こうした露地物のトマトは、持つとずしりと重く、肉厚で、酸味と甘みとうまみのバランスが絶妙。自然なおいしさのトマトです。一度味わえば違いがはっきりわかります。

そういうトマトにどこで出合えるかといえば、確実なのは産地の近くの道の駅。自然の豊かな場所へ遊びに行ったときは、地元の農産物が並ぶ道の駅をのぞいてみましょう。スーパーマーケットには並ばない形がいびつなトマトも、食べるとおいしさに驚くはず。トマトに限らず、道の駅で野菜を買うのはおすすめです。私も山の家がある信州へ行った帰りは、荷物が道の駅で買った野菜ばかりになるほどです。

ネットなどで農家さんから直接野菜を買うこともできるかもしれません。最近は近所のスーパーにも新鮮な産直野菜のコーナーができていたりします。手近な棚に並んでいる食材ばかりに手を出さず、よりよい食材を求める努力を買い手側がすることが大事です。

Q 12

ほうれん草と小松菜は、
同じような野菜と
考えていいですか?

A

まったく違います。
味わいが違うのです。
アブラナ科の小松菜はおすすめです。

「青菜」とひとくくりにとらえられがちですが、ほうれん草と小松菜は別物です。ほうれん草はゆでてバターで炒めて食べるとおいしいけれど、小松菜はおひたしや油炒めがおいしい。それは野菜の持つ味わいが違うから。

ほうれん草はヒユ科、小松菜はアブラナ科です。

アブラナ科というのは、菜の花を思い浮かべるとわかりますが、真ん中から芯が出てきて黄色い花が咲く。この黄色い花の咲く野菜が何しろ体にいいと言われています。ブロッコリー、カリフラワー、キャベツ、かぶ、大根、クレソン、ルッコラもアブラナ科。少し苦味があって、独特のうまみを持つ野菜です。

アブラナ科の中でも小松菜のしゃっきり感が私は好きで、葉物の少ない夏でも小松菜だけは欠かせません。

油揚げをカリカリに炒めて、しょうゆをジュッとかけ、ここに小松菜を加えて炒めるだけの簡単なおかずが大好きです。小松菜はゆでて、しょうがじょうゆであえてもいいし、おろしあえにしても。煮びたしにしても汁物に入れても、クッタリとなりすぎず歯ごたえが残るのが小松菜の魅力です。

小松菜は冷水に浸けてシャキッとさせ、軽く水気をきって葉と茎に切り分けます。ボウルに重ねたざるの中に入れ、ふたをして冷蔵庫へ。朝にここまでしておけば、帰ってからの食事作りがとてもラクです。

◎小松菜と油揚げの炒め煮

① 油揚げは1㎝幅に切る。
② 鍋に油をひき、油揚げを入れて焼き色がつくまで炒め、しょうゆをジュッとまわしかける。
③ 小松菜の茎を加えて炒める。茎に火が通ったら葉を加え、全体を炒め合わせる。火が入りすぎると味が落ちるので、できあがったらすぐに火から下ろす。
★ 油揚げだけにしょうゆ味をつけて、その味で小松菜を食べるのがおいしい。

Q 13

じゃがいもは
いろいろな種類がありすぎて、
どれを選べばいいか
わかりません。

A

蒸して食べてみて
自分の好きな品種を見つけましょう。

男爵《だんしゃく》はほっくりしているので、ポテトサラダやコロッケ向き。メークインはあっさりしていて煮崩れしないので、カレーやシチュー、肉じゃが向き――こんなふうに昔から言われていますが、私はお好みだと思います。ちょっと煮くずれた肉じゃがが好き、という人もいるでしょう?

じゃがいもも、最近はいろいろな品種が出ています。ほくほくとして甘いキタアカリ、濃厚な味わいのインカのめざめ、ねっとりとした口あたりのアンデスレッドなど、それぞれで味わいに特徴があります。でも、文字で読んでも覚えられない、わからないと思う。実際に食べてみるのがいちばんです。

私は、じゃがいもを皮ごと蒸して食べます。蒸すとゆでるよりも早く火が通り、ほっくりとしておいしいです。手で割って、塩とオリーブオイルかバターだけでシンプルに食べてみてください。やわらかければ皮も食べてみることをおすすめします。こうして食べると、そのじゃがいもの持ち味がよくわかる。好みの品種が見つかるはずです。

ちなみに新じゃがはホクホクしているようなイメージがありますが、じつはシャキッとして、さっぱりしています。新じゃがは皮が薄くて食べやすいのが特徴なので、皮つきのままポテトサラダにしたり、揚げたり、煮っころがしにして食べるのに向きます。

Q 14

りんごは
いつがいちばん
おいしいですか？

A

秋口です。
秋口からその年いっぱい。
お正月を過ぎると
だんだんおいしくなくなります。

りんごの季節は秋から冬にかけて。この間には紅玉《こうぎょく》、ふじ、王林《おうりん》、秋映《あきばえ》（信州産の私の好きな品種）など、いろいろな品種が次々に収穫されて店先に並びます。

くだもの全般は冷蔵庫に入れるとおいしくなってしまいます。ただ、シャキッとしたりんごはおいしいので、ちょっとだけ冷蔵庫に入れます。そしてもちろん、採れてから日が経つにつれて鮮度が落ちますから、なるべく早く食べたいもの。生で食べるほか、新鮮なうちに煮りんごにしたり、ジャムにするのもおすすめ。新鮮なうちに加工したほうがおいしいのです。ちなみに、りんごを切ってそのまま食べるとき、レモン汁をたっぷり搾りかけておくと、変色を防げて香りもいいです。変色を防ぐには塩水に浸ける手もありますが、時間が経つとしんなりします。

りんごの季節が終わったら、次は柑橘《かんきつ》のシーズンです。はっさく、いよかん、文旦《ぶんたん》、レモン、グレープフルーツ……さまざまな種類が出回ります。春先から4～5月までは柑橘やいちごを楽しみます。

春はいちごや柑橘。夏はすいかや桃。秋口はぶどう、柿、梨、いちじく、それからりんご。くだものの旬を追うと、四季がぐるりと回ります。食べ物で季節に敏感になれるのは平和で幸せなこと。この自然のサイクルに乱れが生じませんように、と願っています。

Q 15

キャベツや白菜は、丸ごとを買ったほうがいいのですか？

A

野菜は切り口から傷みます。丸ごとを買ったほうが持ちがいいです。

一度に使いきるのであれば、半分や¼にカットしてあるキャベツや白菜を買ってもいいのです。私もそういうこともあります。でも数回に分けて使うとか、「あると安心だから」ということで買うのであれば、丸ごとのほうがよいでしょう。

カットしてある野菜はどうしても、切り口から傷みます。切り口が空気に触れることで、野菜は劣化していきます。冷蔵庫に入れっぱなしだと、鮮度がどんどん落ちていきます。

その点、丸ごとであれば、いちばん外側にある葉だけが直接空気と触れるので、内側の葉は新鮮さが保たれて長持ちします。葉っぱが自分でしっかり巻いてガードし、内側の葉を守っているのですね。

せっかく丸ごと1個のキャベツや白菜を買ったならば、保存しておきたいときはザクッと半分に切って〝切り口〟を作ってしまわないほうがいいです。1枚ずつはがして使えば鮮度が保たれます。

丸ごとのキャベツや白菜は大きいですが、新聞紙などに包んでおけば冷暗所で保存できます。家の中の暗くて涼しい場所や冷蔵庫の野菜室に置きましょう。

Q 16

丸ごとの
大きな野菜を買っても、
使いきる自信がありません。

A

一度にたくさん食べる方法を
知っておくといいです。
簡単なのは塩もみです。
塩もみにすれば、
ペロリと食べられてしまいます。

白菜やキャベツをたくさん食べるには、塩もみがおすすめです。塩もみは、野菜を食べやすく切って塩をまぶしもんで、水気が出たら絞ります。塩には野菜の水分を出してかさを減らす役目と、野菜の自然なうまみを引き出す力があります。

キャベツは、太めのせん切りや5㎝角などの食べやすい大きさに切ります。これを大きなボウルに入れて、塩をふります。塩は野菜の重量の1.5〜2％が目安。もちろん量ってもいいですが、私はいつも目分量です。「このぐらいの塩がこの野菜全体になじむと、少し塩気を感じるかな」と思うぐらいの量をふります。味見をしながら両手でよく混ぜ、少し力を入れてもんで塩をなじませます。

しばらくして水が出たら、ギュッと絞って食卓へ。オリーブオイルをかけたり、レモンを搾ったり、青じそと混ぜてもおいしいです。

さらに、塩もみして水気をきった野菜をファスナーつきの保存袋に平らに入れて、上にバットなどをのせて均等に重しをかけて冷蔵庫に入れておくと、塩がなれて少し発酵し、香りのよい漬物になります。

白菜1/4個を食べきれる塩もみをご紹介します。塩の力で白菜の甘さやうまみが引き出され、シンプルなのにとてもおいしいです。

◎白菜の塩もみ

①　白菜1/4個をザクザクと食べやすい大きさに切り、ボウルに入れて、白菜の重量の1.5〜2%の塩をふる。両手で混ぜて塩をなじませ、しばらく置く。

②　出てきた水分をぎゅっと絞って器に盛る。好みでゆずなどを搾りかければ、ご飯のおかずになる即席お漬物に。

★　塩もみした白菜を絞り、豚肉やベーコンと炒めてもおいしい。

Q 17

丸ごと買った
キャベツの葉っぱが
うまくはがせません。

A

根元の芯のまわりに包丁を入れ、
１枚ずつはがすようにします。

せっかく丸ごと買ったキャベツは、半分に切ってしまうと切り口から傷むので、1枚ずつはがして使います。

葉をはがすには、キャベツを芯の部分を上にしてまな板の上に置き、芯のまわりに包丁で切り込みを入れ、1枚ずつ手ではがすようにします。必要な枚数だけはがして使えばいいのです。

キャベツでぜひ知っていただきたいのは、外側の葉と内側の葉で味わいが違うことです。外側の葉は緑が濃くてかたいです。内側にいくほど、ふわっとしてやわらかくなります。外側の葉はスープに入れたり、煮込んだりして火を通すと甘みが出ておいしい。炒め物にも向きます。逆に内側の葉は、やわらかくてみずみずしいので、生で食べたり、サッとゆでてあえ物にするのがおすすめ。丸ごと一玉買うと、こんなふうに部位の違いを味わえるのも魅力です。

Q 18

大きい白菜を買っても使いこなす自信がなくて、手が出ません。

A

白菜も、外側の葉と内側の葉でおいしさが違います。さらに1枚の中でも、葉と白い軸とでは味わいが異なります。それぞれをおいしく食べる方法を知っておくといいです。

白菜もキャベツと同じように、外側と内側で味わいが異なります。外側の葉は縦に通った繊維がかためです。内側の葉になるほどやわらかくなります。

さらに白菜は1枚の中でも、シャキッとした軸の部分と、やわらかくて薄い葉っぱの部分とでは味わいがまるで違うのです。茎と葉を別々に食べてみると、また楽しみが広がります。切るときは1枚の葉をV字にカットし、葉と軸とに分けてから切るといいです。

軸の部分は、シャキッと食べたかったら繊維に沿って切ります。逆に口当たりをやわらかくしたい場合は、縦に通っている繊維を断ち切るように細く切ります。少し大きめで食べたいときは、軸の厚みをそぐように斜めに包丁を入れて切ると火の通りがよくなります。

葉の部分はやわらかいので、食べやすい大きさに切るか、手でちぎってもいいです。

白菜は生でサラダにしてもおいしいです。軸は3～4㎝長さに切ってから、さらに繊維に沿ってせん切りにすると、シャキッとした歯ごたえを楽しめます。葉はちぎってから、オイル、炒りごま、しょうゆ、酢であえて食べると、ふわっとした食感で美味。

白菜のいちばん外側から2～3枚までの葉は、太い筋が多いですから、あまり生で食べることはしません。縦に通っている筋を断ち切るようにごく細く切り、みそ汁に加えて、ふわっと煮るとおいしく食べられます。

Q 19

こんにゃくは
いろいろな種類がありますが、
おいしさに
違いはありますか？

A

生芋こんにゃくを買ってみてください。
こんにゃくの本当のおいしさを
味わえます。

私は大のこんにゃく好きです。プリッとした歯ごたえの味のしみたおいしいこんにゃくは、それだけで主役をはれるものだと思います。

こんにゃくの原料はこんにゃく芋。市販のこんにゃくには2タイプがあります。生芋をすりおろしてアルカリ性の石灰などを加えてかためた「生芋こんにゃく」と、芋を乾燥させた粉末をかためた「こんにゃく」です。後者はこんにゃくらしく見せるために海藻を加えて黒い粒々を表したりも。袋の原材料名の欄を見ると「こんにゃく芋」あるいは「こんにゃく粉、海藻」などと表示されているので、どちらのタイプのこんにゃくかわかります。

本来の材料になるべく近いもののほうがおいしいですから、私が買うのはもっぱら「生芋こんにゃく」です。粉末をかためたこんにゃくとは、歯ごたえもうまみも違います。

こんにゃくは独特のにおいをとるため、水から10分ほど下ゆでします。下ゆですると味もしみやすくなります。また、そのままのつるんとした状態では味が入りにくいので、表面に細かい切り込みを入れたり、手でちぎったりして凸凹の断面を作ります。

たたく方法もあります。まな板の上に置き、水が飛び散らないようにこんにゃくの上にさらしのふきんをのせて、すりこ木でトントンとたたくのです。こうするとよくちぎれて、複雑な断面ができるうえに、余計な水分も適度にとれて味が入りやすくなります。

こんにゃく芋の主成分であるグルコマンナン（食物繊維）には、アルカリ性物質を加えると固まる性質があります。これを生かして作られるのがこんにゃくです。

【左上】　生芋こんにゃくには芋の皮が入るため、色は自然な芋の色になる。対して精製したこんにゃく粉をかためて作られたこんにゃくは、そのままでは色が白くなるので、海藻を加えて黒い粒を表しているものもある。

【左下】　味のしみにくいこんにゃくは、ちぎったり、包丁で切り目を入れて調理する。斜めに細い切り込みを入れ、逆サイドからも同様に切り目を入れる。こうして格子状の切り目を裏表に入れてから食べやすい大きさに切ると、料理の仕上がりもきれい。

生芋こんにゃく
こんにゃく(海藻入り)

Q
20

海藻を日常的に
取り入れたいのですが、
なかなか
食べる機会がありません。

A

わかめがおすすめです。
わかめにも種類があります。
まずはおいしいわかめを知ることから
始めましょう。

まず知っていただきたいのは、「インスタントのカットわかめとは違うわかめがある」ということです。カットわかめは手軽ですが、厚みがなく、味や香りは劣ります。わかめの本当のおいしさを知るには、特別な加工がされていない、昔ながらの塩蔵わかめ、干しわかめをおすすめします。

塩蔵わかめは、わかめを熱した海水を通して冷まし、塩をまぶしたものです。干しわかめは、風の通る小屋で自然乾燥させたものです。干しわかめはスーパーではあまり見かけませんが、ネットや物産展などで手に入れることができます。塩蔵わかめも干しわかめも、水に10～15分浸けてほどよくもどしてから調理します。

わかめは産地で選ぶといいです。三陸産、北海道産、鳴門産など袋に表示されているので、好きな味わいのものを見つけてください。私はコリッとした歯ごたえの徳島の鳴門産干しわかめを愛用しています。

おいしいわかめを手に入れたら、みそ汁で食べるだけではもったいない。炒め物やサラダに。煮魚の最後に鍋にわかめをたっぷり入れて、サッと煮て食べるのもおすすめ。私は魚の煮汁がからまったわかめを食べたくて、煮魚を作るぐらいです。また、わかめを油とにんにくで炒めて、しょうゆをたらすと、とてもおいしいおかずになります。

干しわかめは保存がきくので、買い物に行けないときの食材としても重宝します。わかめだけをにんにくと油で炒めてもいいですし、卵と合わせても。

◉ わかめと卵の炒め物

① わかめは水に浸けてもどし、食べやすい大きさに切る。にんにくはみじん切りにする。卵は溶いておく。
② フライパンをよく熱して油を多めに入れる（卵3個に対して大さじ3～4）。溶き卵を一気に流し入れ、ヘラでサッと返し、すぐにボウルにあける。
③ 空いたフライパンに油を足し、にんにくを入れて弱火で香りを出し、わかめを炒める。しょうゆをジュッとまわしかけたら卵を戻し入れ、サッと混ぜてすぐに器に盛る。
★ わかめにしょうゆ味をからませて、卵には味をつけないほうが卵の甘みが引き立っておいしい。

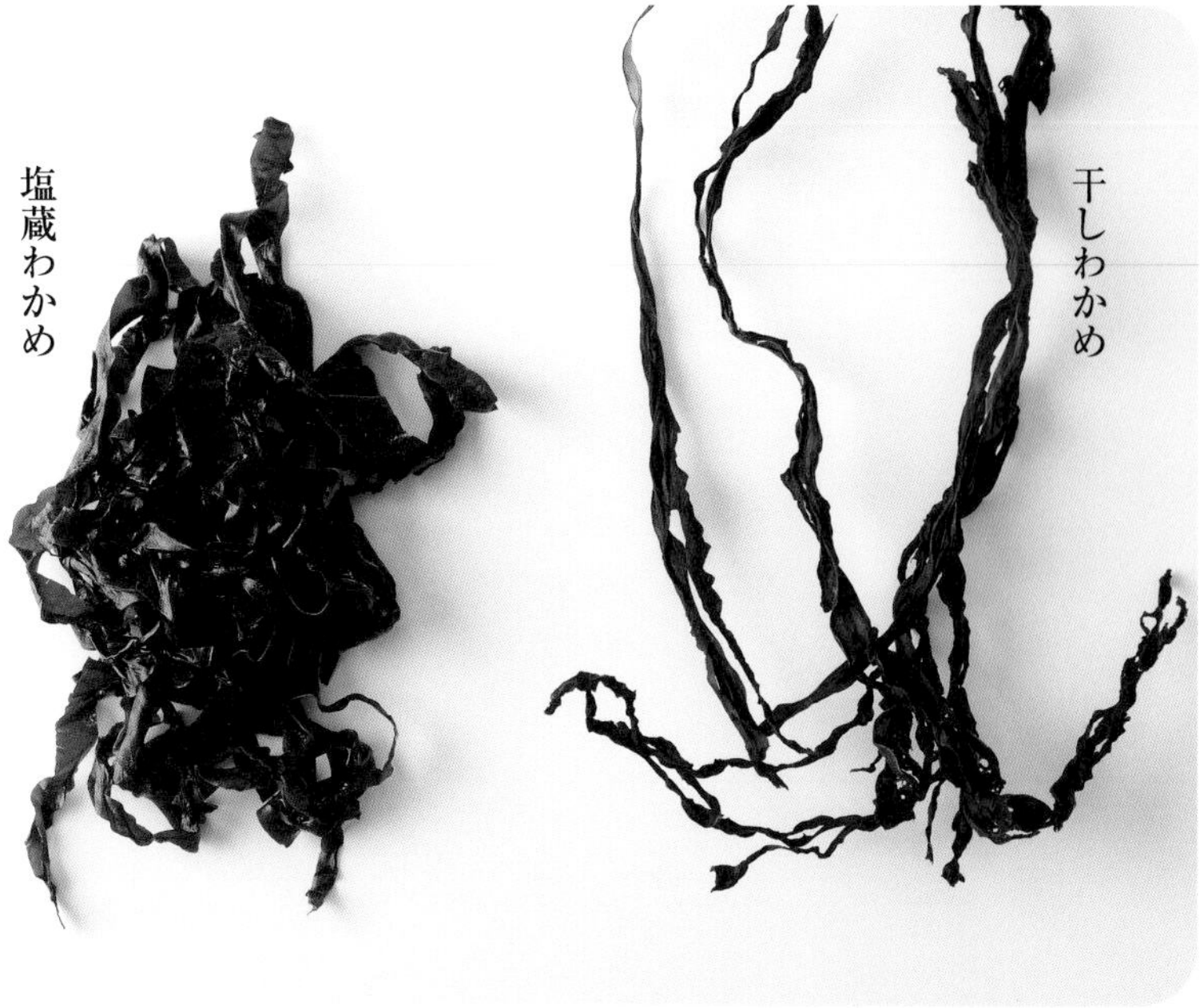
塩蔵わかめ
干しわかめ

Q 21

おいしいのりはどのように選べばよいですか？

A

産地で選んでください。
それから大事なのは
パッケージがしっかりしていること。

焼きのりも本当にいろいろで、好みがあるので、一概にこういうのりがいい、とは言い切れません。私自身はあまり厚すぎず、薄すぎず、ほどよい厚みののりを選びます。大ののり好きで、うちはおむすび1個にのり1枚を巻いて、のりで完全に覆ってしまうぐらい。のりには贅沢をします。

それにしても湿度の高い日本で、どうしてのりのような繊細な食べ物が生まれたのでしょう。できるだけパリッとしたのりを食べたいので、のりの買いだめはしません。だから必要なときに必要なだけ買えるように、近所でよいのりを買える店をチェックしておきます。

のりもわかめ同様、好きな産地のものを買うのがいいと思います。私は佐賀のりを愛用しています。買うときはパッケージの状態をチェックします。のりは湿気を嫌いますから、きちんと密閉されていないと心配。いい加減な袋に入っているようなのりは、その程度の品質なのだとわかります。

いったん湿気をおびてしまった焼きのりは、あぶってもおいしくなりません。青菜をゆでて、ちぎったのりとしょうゆであえたり、のり弁などにして、早めにおいしく食べきりましょう。

うちののり弁は、のり二段。のりはひと口大にちぎってのせるとご飯となじみがよく、食べやすいです。

◎のり弁

① 弁当箱の深さの半分ぐらいまでご飯を詰めて、ひと口大にちぎったのりにしょうゆをチョンとつけながら、ご飯の上にのせる。菜箸でのりの中心をご飯に少しだけ押しつけるようにすると、ご飯とよくなじむ。

② のりの上にご飯を詰めて、いちばん上にもしょうゆをまぶしたのりをのせる。

〈おかず〉メープルシロップ、酒、塩を混ぜた卵焼き。梅干しをきざんで、蒸したアスパラガス、にんじん、ブロッコリーなどをあえたもの。これはごま塩であえても。のり弁がしょうゆ味なので、おかずはしょうゆを使わない味がよい。

Q 22

レシピの材料表に「豚肩ロース肉」とある場合、ほかの部位で代用はできますか？

A

代用できると思います。
ただし、肉の部位によって味わいは違ってきます。

豚肉ひとつとっても、精肉コーナーにはさまざまな部位が並んでいて、部位それぞれに特徴があります。肩ロース肉は、脂と赤身が適度に混じり合っています。ロース肉は、脂の厚い層がまわりにあって、内側が赤身です。ヒレ肉は赤身です。もも肉も赤身が多いです。バラ肉は、脂と赤身が交互に層になっています。

肉は脂がある程度入っていると、火を通したときに肉汁を味わえたり、ジューシーさを感じることができます。逆に赤身が多いと、肉の濃い味を感じることができ、噛みごたえを楽しむことができます。

こうした特徴を知って、お好みで選んでください。レシピの材料表に「肩ロース肉」とあっても、ご自分や家族が脂の少ないほうが好きならば、もも肉を使ってもいいし、逆に脂身が好きならばバラ肉を使ってもいいのです。ただし、部位によって食感や味わいが異なるので、同じ料理でも味は違ってきます。また、もも肉は火を通しすぎるとパサパサになるので、やわらかく食べるには火の通し方に注意して。

私は豚肉は脂身においしさがあると思うので、肩ロース肉をよく使います。同じ肩ロースやバラ肉でも、脂の多い少ないがあります。お店で買うときは肉をよく見て、好みの脂の量、入り具合のものを選ぶことも大事です。

同じ豚肉でも部位によって味わいが違います。好みや作る料理によって使い分けましょう。

［左上］　肩ロース肉は赤身に脂が入り込んでいて、適度にやわらかさがありジューシー。炒め物、揚げ物、汁物などに。ヒレ肉は赤身がほとんどで、さっぱりとしていて、噛みごたえのある部位。脂が少ないのでカツなどコクのある料理向き。バラ肉は赤身と脂が層になっている部位。

［左下］　バラ肉の使い方の例。にんにくのみじん切りと一緒にバラ肉を炒め、脂を出すようにカリカリにしたら、塩やしょうゆで肉に味をつける。そこへキャベツや小松菜などの野菜を加えて炒め合わせる。

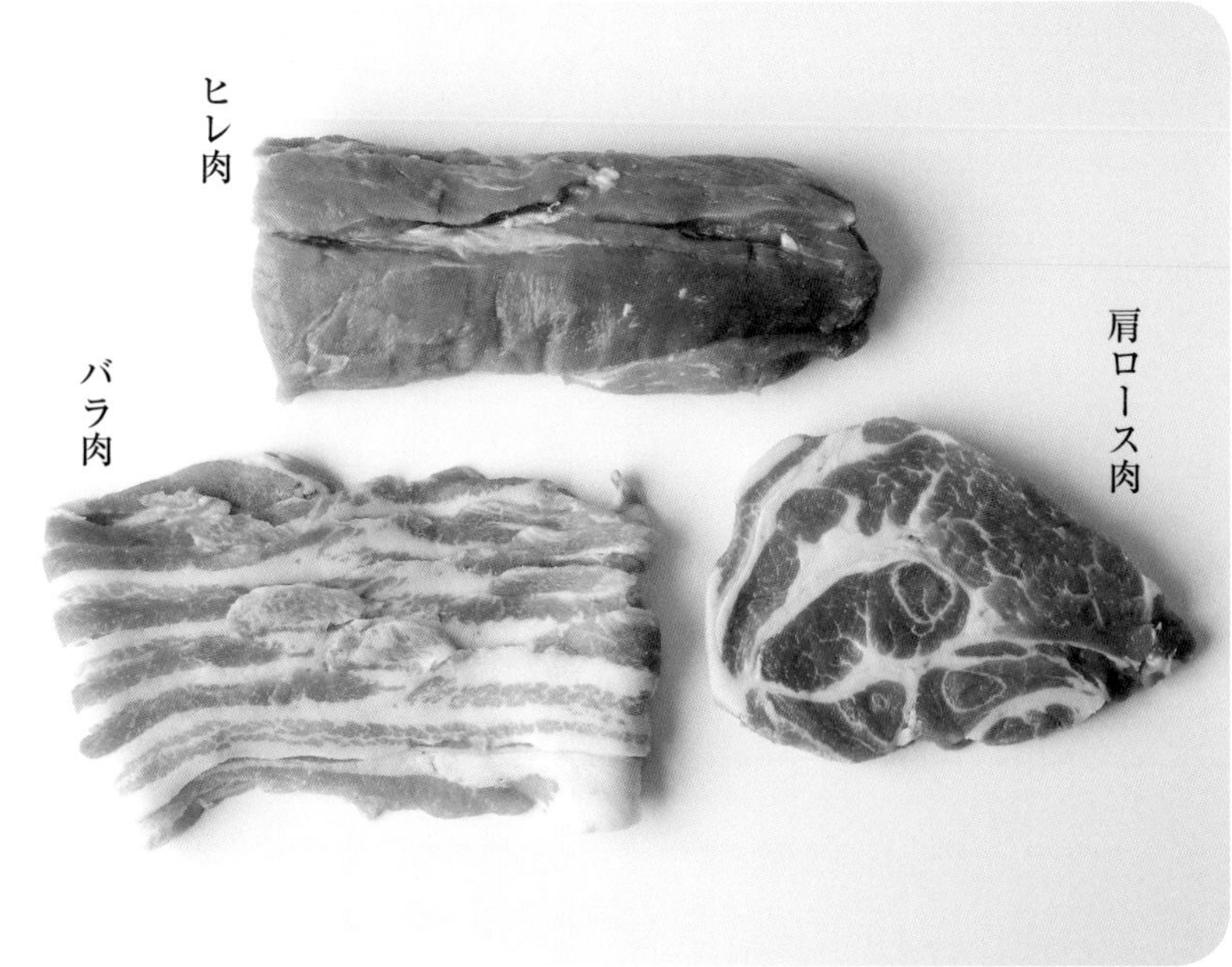
ヒレ肉
肩ロース肉
バラ肉

Q 23

鶏肉は部位によって、どのように違いますか？

A

鶏肉はほかの肉とは
構造が異なります。
部位の特徴を知れば、
もっとおいしく食べられます。

鶏は鳥類ですから、ほかの四つ足の動物とはまるで異なります。豚や牛と肉質も違います。鶏肉には皮があり、その下に皮下脂肪があるけれど、肉の中に脂肪はあまり入っていません。

部位については、鶏の姿を思い浮かべるとわかりやすいです。もも肉は脚の太もものところです。動きの激しい部位なので、肉はややかためですが、味が濃くてうまみがあります。皮下脂肪もたっぷりめについています。

むね肉は鶏のふくらんだ胸の肉です。つばさを動かす筋肉で、脂肪が少なく、あっさりとした味わい。私はよく、むね肉を水から煮出してスープをとります。

ささみは、むね肉の内側に2本ついている、笹の葉の形をした肉です。やわらかくて脂肪が少なく、淡白な味わいです。

手羽はつばさの部分。肉じたいは少ないですが、ゼラチン質が多く、脂肪もあります。手羽はさらに、手羽元、手羽中、手羽先という3つの部位に分けられます。

鶏肉はほかの肉に比べて水分が多く、傷みやすいため、できるだけ早く食べ切るようにします。

Q 24

基本調味料は何を揃えておけばいいですか？

A

塩、しょうゆ、酢、みそ、酒。
それから甘みのある調味料を。
これだけあれば何でも作れます。

調味料はシンプルなものを使いましょう。塩に何かが混ざっていたり、しょうゆにだしが入っているような調味料は、いろいろな料理に使えないし、味つけがかえって難しいと思います。

塩、しょうゆ、みそ、酢。昔ながらの製法で作られている、混じりけなしのごく当たり前の調味料がいいです。酒は料理酒として売られているものではなく、「飲んでおいしいお酒」を使うと、それだけで料理の味が変わります。酒は加熱することでアルコール分が飛んでうまみが残り、そのうまみを料理に使うわけですから。

甘みのある調味料は、砂糖、みりんなどお好みのものを。私自身はメープルシロップをよく使います。液体なので溶かす必要もなく、良質なメープルシロップ（透過度の高いゴールデンタイプ）はクセがなくて、すっきりとした甘さで、しょうゆやみそと相性バッグンです。

塩、しょうゆ、酢、みそ、酒、甘みのある調味料。この6種類さえあれば、家庭料理のほとんどが作れます。ここに油を加えれば、ドレッシングやたれも、いくらでも作れます。食べる直前に調味料を合わせて作ったドレッシングやたれは、豊かで自然なおいしさです。市販のドレッシングやたれを買わなくなるだけで、食生活は様変わりするはずです。

Q 25

調味料のすべてを
よいもので揃えるのは
予算的に厳しいです。
何を優先するべきですか？

A

塩です。それと油。
この二つをよいものにすると、
料理は確実においしくなります。

料理の味つけの基本は、まず塩です。塩がいちばん大事です。塩の袋の材料表示に「海水」「天日海塩」と書いてある塩は、少し黄みがかっていたり、灰色っぽかったりします。自然な材料で昔ながらの製法で作られている塩をなめてみると、しょっぱいだけでなく、どこかまろやかで、ほのかな甘みが感じられます。

一方、化学的に精製されたサラサラの白い塩は、なめてみるとツンとしたしょっぱさです。うまみ成分であるグルタミン酸ナトリウムなどが添加されている場合もあります。

料理にはぜひ、自然な塩を使ってください。塩気がつくだけでなく、料理がやさしい味になり、味に奥行きが出ます。ひと口に「自然な塩」と言っても、天日海塩、岩塩など材料や製法によって、塩の味はまるで違います。だから、とにかくなめてみる。自分がおいしいと感じたものを選ぶ。これしかないです。

もうひとつ、料理の味が画期的に変わるのは油です。

油も混じりけのない自然なものがおいしいです。ごま油、なたね油、綿実油、えごま油、ひまわり油、オリーブオイル、グレープシードオイルなど、原料はお好みのものでいいですが、単一材料を使っていること、そして化学的な処理がされていない油を選ぶのが大切。どんなふうに作られた油なのか、材料の表記をよく見てみましょう。

Q 26

ごま油には
濃い色と
薄い色がありますが、
どのように違いますか？

A

材料のごまを
煎ってあるかどうかの違いです。
焙煎したごまを圧搾したごま油は、
色が濃くて香りが強いです。

ごま油は製法によって、味わいがかなり異なります。

焙煎したごまを圧搾《あっさく》（圧力で搾ること）したごま油は、色が濃い茶色で、香りも強いです。一般的にみなさんが思い浮かべるごま油はこちらではないでしょうか。

私自身は色のあまりついていない太白《たいはく》ごま油を、和食全般、炒め物や揚げ物によく使います。太白ごま油は、ごまを煎らずに低温圧搾法で搾っているので、無色で、ごまの香りもほとんどしません。ごまの風味が欲しいからではなく、ごまという単一材料で作られたくせのない油ということで、いろいろな料理に使っています。

焙煎ごま油と太白ごま油は、どちらのごま油がいいというわけではなく、好みの問題です。ちなみにうちでは、ごまの香りやうまみが欲しいときは、「玉締《たまじめ》一番絞りごま油」を使います。これは熱したごまを球状の御影石《みかげいし》で圧搾し、和紙で漉《こ》す昔ながらの製法のごま油です。希少品なので高価ではあります。

ごま油に限らずですが、よい材料を使い、手間暇かけて作られた調味料はおいしいです。そして当然、値段が高くなります。調味料も素材のひとつと考えて、ときにはよい調味料を使ってみると、シンプルな料理ほどグンとおいしくなります。

Q 27

オリーブオイルの値段は、どうしてこんなに開きがあるのですか？

A

原料の良さ、収穫の手間、酸化しないように短期間で圧搾するための人件費など、良質なオイルには高い理由があります。

オリーブの実を摘んで、加熱をせずに生の実のまますりつぶし、油と水分とに分ける、その油がエキストラバージンオリーブオイル（EVオリーブオイル）です。

EVオリーブオイルと名乗れるオイルには、厳しい規定があります。原料のオリーブの品質がよいことはもちろん、酸化度が高くなるとEVオリーブオイルとは認められません。実を摘み取ったら、長くても24時間以内に圧搾しなければいけない。だからみんな徹夜作業です。また、木と木の間隔をとって山間で丁寧に育てられるオリーブの収穫は手摘みで、こうした人件費も値段に影響します。よいオリーブオイルは、土地や木の管理から摘み取り、製造、保管に至るまで細心の気配りがなされているものです。

驚くほど安価なオリーブオイルは、いろいろな作り方がされているようです。一度オイルを搾ったあとのオリーブが原料だったり、いろいろなオイルを混ぜ合わせたり、化学薬品を使ったり、さまざまな方法で安価になるように作られています。

品質のよくないオリーブオイルは、重たく香りが悪く、油っぽいです。オイルが酸化していると、本来体にいいと言われるオリーブオイルのよいところが失われています。逆に良質なオリーブオイルは、油というよりもオリーブのジュースです。香りがよく、フレッシュでさらりとした味わいです。ぜひオイルをなめて、味を感じてみてください。

Q
28

レシピに「みりん」とある場合、砂糖＋酒で代用できますか？

A

できないことはないです。ただ、味わいは異なります。

みりんには、「本みりん」と「みりん風調味料」があります。「三河みりん」などの本みりんは、もち米、米麹、米焼酎だけを約2年間じっくり醸造して、もち米のおいしさを引き出した調味料です。アルコールなので、酒類販売許可のない店では販売できません。

みりん風調味料は、本みりんの味わいに近づけて作られた調味料です。本みりんに比べて値段も安く、手軽に手に入るため、今はこちらのほうが一般的かもしれません。でも、長期熟成された本みりんのまろやかな甘さやうまみとは、やはり別物だと私は思います。

本みりんも普通の日本酒も、料理に使うときは火にかけてアルコール分を飛ばし、残ったうまみを使うのです。煮物にみりんや酒を入れると、煮込んでいる間にアルコール分が飛んで、うまみが残るというわけです。

みりんは甘みのあるアルコールなので、酒と砂糖で代用できなくもありません。ただ、みりんの甘さと砂糖の甘さは違います。砂糖だと甘さが強く出ることがあるので、料理に加えるときに加減が必要です。

Q 29

レシピに「白ワイン」とある場合、日本酒で代用できますか？

A

代用はできないです。
でも、白ワインがなくても料理は作れます。

料理に使う白ワインは、ワインの香りやうまみを利用することで、料理をよりおいしく仕上げる役割です。日本酒を使う場合は、米の香りやうまみを利用します。同じお酒でも原料によって、香りも味わいももちろん違います。

ですから料理に、白ワインの代用として日本酒を使うのは無理があると思います。料理の味が変わってしまう。ではどうするか。「作ろうとしている料理の味つけや風味づけに、酒がどのぐらい影響するか」を考えてみてください。

たとえば「鶏のトマト煮込み」のレシピに、白ワイン大さじ2とあったら……。この料理の主な味つけや風味づけはトマトが担うので、白ワインはなければ入れなくてもよいです。

しかし「あさりの白ワイン蒸し」のような料理なら、白ワインは必須です。白ワインが主な味つけ、風味づけとなるからです。「新鮮なあさりを買ってきたのに、日本酒しかない」という場合は、いっそ「あさりの酒蒸し」にして料理を和食にしてしまいましょう。料理に正解も不正解もありません。想像力を働かせることです。

2章　保存する

Q 30

日持ちする野菜と、すぐに傷む野菜の違いは何ですか？

A

水分が多い野菜は傷みやすいです。食材に含まれた水分から傷み始めます。

じゃがいも、玉ねぎ、にんじん、かぼちゃ、大根といった野菜は、皮が実を外気や乾燥から守ってくれるので長持ちしやすいです。

一方、皮が薄い野菜、そして水分の多い野菜は傷むのが早いです。傷むのは、まず水分なのです。レタスやもやしなどは水分が多く、野菜に含まれた水分が、すぐに悪くなってしまいます。だからできるだけ早く食べるに限ります。

これは野菜だけではなく、ほかの食材にも言えることです。魚も肉も豆腐も、水分が多いと傷みます。スーパーでパックに入った食材を買ってくると、魚や肉から出た水分（ドリップ）がパックについていることがあります。それをそのままにしておくと、傷みが早まります。だからすぐに使わないときは、パックに入れたままにしておかないで、ペーパータオルで水気をよく拭き取り、塩を軽くふってバットに移しておくなどの下ごしらえをしてから、冷蔵庫で保存したほうがよいのです。

ちなみに豆腐はほとんどが水分みたいなものですから、すぐに食べるのが基本です。でも水を替えて冷蔵すれば、少しは持ちが違ってくる。水を新鮮に保つことが大事です。

Q
31

きのこはどんなふうに
保存しますか？

A

パックに穴を開けておきます。
密閉状態にしておかないこと。

きのこは時間をおくと、かさの内側などがすぐに黒ずんできます。これは空気に触れて酸化し、きのこの中の水分が傷むから。水分が多いものは傷みやすいです。野菜も魚も肉も、その食べ物が含む水分からまず傷み始める。ですから、水分を飛ばすようにして保存すれば、持ちがよくなります。

パックに入ったままや、ラップ材で包まれたままの密閉状態では、きのこが自分の水分で蒸されたようになり、傷みやすいです。ですから私は買ってきたらすぐにパックに穴を開けたり封を開けたりして、室内の涼しいところに置いておき、きのこに風が当たるようにしています。暑い場所に水分の多い食べ物を置くと雑菌が繁殖しやすいので、涼しい場所に置くことが大事です。

長持ちさせる方法として、きのこを干すのもおすすめです。竹のざるなどに並べて、風通しのよいところに数時間〜1日ぐらい置いておくのです。こうすると水分が抜けて、きのこのうまみが凝縮されたようになり、生で食べるのとは違う味わいになります。

ちなみに〝干し野菜〟はきのこ以外にも、大根、にんじん、きゅうり、なす、かぶ、ズッキーニなど、いろいろな野菜で作れます。

Q 32

干し野菜は室内でもできますか？

A

できます。
風を当てるのがコツです。

「野菜を干す」と言うと、天日干しをイメージされるかもしれません。でも干し野菜で大事なのは、風に当てること。ですから、室内でも干し野菜は作れます。

ざるなどに、食べやすく切った野菜を並べて干します。下からも風が当たったほうがいいので、蕎麦《そば》用などの目の詰んだざるではなく、ざっくりと編んだものが向きます。

窓際やベランダなどの風通しのよい場所に置きましょう。そうした場所がない場合は、扇風機の風に当ててもいいです（ただし、天日独特の日なたの香りはしません）。外に干した場合は、湿気の多くなる夕方は取り込みます。時間をかけてじわじわ干した野菜は、戻したときにあまりおいしくありません。天気がよくて空気が乾燥している日に、日中に2～3時間から半日ほど干すのがベストです。

2～3時間から半日干したセミドライ（半干し）なら、まだ水分が残っていてやわらかいので、そのまま調理してなるべく早く食べます。歯ごたえがよく、野菜のうまみが凝縮されて味が濃く、いつも食べているのとはまた違ったおいしさです。火の通りも早いです。

さらに翌日、翌々日も干せば、どんどん水分が抜けて乾燥が進みます。完全に乾いたかどうかは触ればわかります。乾いていなければヒンヤリ冷たいです。カチカチに乾燥した野菜は保存ができ、水に浸けてもどしてから料理に使います。

Q 33

根菜は
冷蔵庫で保存しますか？
それとも
常温で保存しますか？

A

本来ならば常温です。
でも、洗ってある野菜なら
冷蔵庫に入れます。

大根、にんじん、ごぼうといった根菜は、冷蔵せずに常温で保存するのが基本です。常温で保存する場合は「冷暗所で」と、昔からよく言われます。涼しくて暗い場所……ですが、この「冷暗所」が、マンション暮らしだったりすると、そもそもない、ということもあります。

大根もにんじんも、土の中ではひげ根がついています。でも私たちが買うときには根を取った状態です。根を取ってあるということは、つまり小さな傷がついているということ。小さな傷があると雑菌がつきやすく、傷みやすくなってしまいます。

保存の方法を考えるときに大切なのは、野菜の状態を見ることです。そして常温がいいのか、冷蔵したほうが安心なのか、自分で判断する習慣をつけてください。根菜でも場合によっては冷蔵庫に入れたほうがいい場合もあります。夏場は、私はごぼうでも洗ってあるものならば、冷蔵庫に入れます。

にんじんも洗ってある場合は、冷蔵庫で保存したほうが安心です。にんじんはビニール袋に入れたままだと傷みやすいです。袋から出し、新聞紙などに包んで冷蔵庫に入れておきます。

Q 34

土つきの野菜は常温で保存しますか？

A

冷暗所で保存します。新聞紙で包んでおきます。

長ねぎ、ごぼう、里いも、にんじんなどが、土つきの状態で売られていることがあります。土つきの野菜は、外側についた土が野菜を守ってくれるので、洗ってある野菜よりも長く保存できます。

土が乾いている場合は、乾燥に注意してください。新聞紙に包んで、冷暗所で保存するといいです。野菜を新聞紙で包んで保存するのは、昔から行われている知恵。新聞のインクが多少の油分を含むので、野菜を乾燥させすぎず、かといって湿気も多すぎず、ちょうどいいようです。

産地から直接野菜を取り寄せたり、道の駅などで土つきの野菜を買い求めたりしたときに、湿った土がついていることがあります。掘りたてである証拠です。新聞紙に包んで冷暗所に置きましょう。

Q 35

冷蔵庫に入れないほうがいい野菜はありますか？

A

本当は、どんな野菜も冷蔵庫には入れないほうがおいしいです。

現代ではだれもが忙しくなって、毎日買い物に行く時間がとれなくなりました。まとめ買いをするから、日持ちさせるために何でも冷蔵庫に入れて、冷蔵庫がパンパン……という家も少なくないでしょう。

昔は、「冷蔵庫から野菜を出して料理をする」ということはあまりなかったのです。買ってきた野菜は台所の隅などに置かれていて、そこから取り出して煮炊きをしていました。その日や翌日に使う分ぐらいしか買わなければ、そういうことができるのですが、なかなか難しいのが現実かもしれません。

でも本当は、冷蔵庫には頼らないほうがいいのです。冷蔵庫に入れると、たいていのものはおいしくなくなると思っていたほうがいい。そのぐらいの心づもりで、冷蔵庫と上手に付き合ってください。

丸ごとのキャベツや白菜は室温で保存できます。外側の葉こそしおれてきますが、そのしおれた外葉のおかげで内側のみずみずしさが保たれるので、むいて使えば大丈夫。

じゃがいも、里いも、さつまいもといったいも類は、デンプンが低温障害を起こしておいしくなくなるので冷蔵は禁物。玉ねぎ、にんにくは夏場でも室温で保存します。ただし新玉ねぎは同じ玉ねぎでも水分が多いので、冷蔵庫に入れるのがおすすめです。

Q 36

きゅうりやピーマンなどの
夏野菜は、
冷蔵庫で保存しますか？

A

できれば入れたくないですが、
場合によります。

昨今の夏の暑さは想像を超えていますので、きゅうりもピーマンも冷蔵庫に入れざるを得ません。いんげんもズッキーニも入れておきます。

冷蔵庫に入れて芯まで冷えきってしまうと、野菜の香りが失われておいしくなくなってしまいます。買ってきたその日に食べるなら、きゅうりやトマトは冷蔵庫には入れず、氷水で冷やして食べましょう。2～3日置いておくときは、冷蔵庫の野菜室に入れて保存します。

トマトは室温に置いておくと、どんどん追熟されて真っ赤になります。そういうトマトは、私は煮てソースにしたり、スープにしたりして食べます。完熟トマトのおいしさを味わえるのも、夏だからこそ。冷蔵庫に入れない野菜の楽しみ方も知っておくといいです。

ちなみにとうもろこしは、なんといっても新鮮さが命。「朝採り」と書いて売られているものもあります。置いておくと、どんどん鮮度が落ちていくので、買ってきたらすぐに蒸したりゆでたりします。冷蔵庫に入れる暇もなく調理する、食べる。これがいちばんです。

Q 37

冷蔵庫に入れた野菜が
凍ってしまいました。

A

冷気が当たる場所に
置いてあったのでは？
冷蔵庫の構造を知ることも大事です。

冷蔵庫は庫内の場所によって、温度が違います。冷気が出る吹き出し口もあります。その近くや、冷気がたまりやすい場所に野菜を置いておくと、凍ることもあると思います。葉物やトマトなど水分の多い野菜は凍りやすく、凍った野菜は食べられません。

メーカーや機種によって構造がまちまちなので、どの冷蔵庫にも当てはまることではありませんが、冷蔵庫内は下のほうが冷たいことが多いです。冷たい空気は下へ、暖かい空気は上へ集まりがちなので。また、奥のほうも冷たいです。逆に手前のほうや両サイドは、奥よりは温度が高くなっている可能性が高いです。

使っている冷蔵庫のどこから冷気が出ているのか、どこがいちばん冷たくて、どこが温度が高めなのかを知っておきましょう。冷蔵庫を意識的に使うようにして、使っている人自身が把握しておくことが大切です。ちなみに野菜室は、冷蔵庫よりも高めの温度に設定されています。あまりキンキンに冷やしたくないものは、野菜でなくても野菜室に入れておくのも手です。

また、これは野菜に限った話ではないですが、食品をどんな状態で入れておくかによっても、冷え方は違ってきます。プラスチック製の容器に入れた場合と、ステンレスなどの金属の容器に入れた場合とでは、同じ冷蔵庫でも後者のほうがよく冷えます。

Q 38

くだものは
冷蔵庫で保存しますか？

A

冷蔵庫には
なるべく入れないほうがいいです。
香りがなくなってしまいます。

私はくだものを買ったり、いただいたりしたら、大きなカゴや木のボウルなどに入れて、キッチンやリビングに置きます。花を飾るように、まずは目でも楽しみたいからです。くだものの魅力は、見た目の美しさ、可愛いらしさ、そしてよい香り。暮らしの中でそれらを楽しめて、さらに食べておいしいと、豊かな気持ちになります。

くだものは常温に置いたほうが、香りやうまみが引き立ちます。りんごも桃も柑橘類も冷蔵庫に入れると、せっかくの香りが弱まってしまうのです。トマトも同じです。

とはいえ、冷たいほうがおいしく感じるくだものもあります。冷たくして食べたいときは、食べる30分~1時間前に冷蔵庫に入れる。あるいは氷水で冷やす。クラッシュアイスの上に、切ったくだものを並べるのもきれいです。その場合は、氷の角でくだものが傷むことがあるので扱いには注意して。

暑い季節に大勢で集まるとき、うちでは大きな四角いガラスのフラワーベースに、氷水と一緒にさまざまなくだものを入れることがあります。まずは目で涼しさと美しさを楽しんでいただいて、好きなものを取って食べてもらう趣向です。いつも「わぁ!」と歓声が上がり、場が盛り上がります。

Q
39

野菜は
見た目に傷んでいなければ
食べられますか？

A

当たり前の話ですが、
食べ物は何でも新しいほうが
おいしいです。
野菜はとくにそうです。

野菜は傷んでいなければ、もちろん食べられます。でも、あまりに長く置いた野菜はおいしくないです。みずみずしさがなくなり、まずは香りやおいしさが失われます。栄養分も減っているでしょう。そういう野菜は、煮ても焼いても炒めても揚げても、どんなふうに料理しても結局はおいしくなりません。

だからといって、まだ食べられる野菜を処分するのは気が引けます。ですから、買ってきたらできるだけ早く食べる。これに尽きます。

肉や魚と違って、野菜は私たちが食べるまで生きています。大根やにんじんの葉っぱが、放っておくと伸びてくるのは、野菜が生きているあかしです。

新鮮でピンピンした野菜は栄養価も高いはずです。それが店頭に並んで1日、2日と経つうちに鮮度が落ちていき、さらに家庭で時間が経つうちに、どんどん鮮度が損なわれる。こうしたイメージを持つだけでも、野菜との付き合い方が変わると思います。

新鮮な野菜はゆでただけでも甘みがあって、「どうしてこんなにおいしいの？」と家族に聞かれたりします。自然の力は偉大です。野菜の自然の力を活かしましょう。

Q 40

ゆでた青菜は
どのように保存しますか？

A

野菜はゆでたら
食べきるのが基本ですが、
余った場合は
すぐに使えるようにしておきます。

ほうれん草や小松菜をいちいちゆでるのはめんどう。ブロッコリーも、どうせだからまとめてゆでたり蒸したりしてしまいたい……。そういう気持ちはわかります。でも、ゆでた野菜を冷蔵庫に入れるとたちまち味が落ちてしまいます。

野菜はゆでたら食べきるのが基本です。お弁当に入れるブロッコリーは、使う分だけ小さな鍋でゆでたほうがいいです。もちろん残りのブロッコリーも、できるだけ早く食べるようにします。

青菜のおひたしは風味が大切なので、ゆでたその日にいただきましょう。ゆでた青菜は、おいしいしょうゆ、かつおぶし、ごま、オリーブオイル、のり、じゃこ、梅干し、しょうが、ポン酢などがあれば、毎日食べても飽きることはありません。手を替え品を替え、毎日青菜を食べられるように工夫してみましょう。

ゆでた青菜が、どうしても食べきれずに余ってしまって、やむなく冷蔵庫に入れることが私もあります。そうした場合は青菜の水気をしっかり絞り、食べやすいように2㎝長さなどに切ってから冷蔵庫に入れておきます。こうしておくと、みそ汁やうどんなどに青味としてパッと入れたり、バターで炒めて翌日の朝ごはんに食べたりできます。残った野菜はとにかく「早く食べきれる」状態にしておくのがいいです。

Q 41

調味料は
どこに保存しますか？

A

しょうゆ、みそ、酒、みりんは
冷蔵庫に入れています。
粉類は封を切ったら冷蔵庫へ。

しょうゆやみそは、時間とともに味が変わっていきます。口を開けてから時間の経ったしょうゆは色も濃くなり、香りが変わってきます。冷蔵庫に入れて、できるだけ早く使うのがおすすめです。小さなびんを選び、こまめに買い替えるのもいいでしょう。

酒、みりんは口を開けたものを温度の高いところに置いておくと、風味が変わってしまいます。ですから私は冷蔵庫で保存しています。

酢と油は常温で保存します。塩、砂糖も常温で。湿気を呼ばないびんや密閉容器に移して保存しておくといいです。

小麦粉は湿気を含みやすく、味が落ちやすいもの。とくに湿気が多く気温が高い季節は傷みやすく、虫もつきやすいので注意が必要です。封を切ったら、私は密閉容器に移し替えて冷蔵庫に入れています。

パン粉はドライなら、密閉容器に入れて冷蔵庫で保存します。生パン粉はカビが生えやすいので、封を切ったものは冷蔵または冷凍しています。ただし冷凍庫のにおいを吸いやすいため、におい対策をしっかりすることが大事。2枚重ねにしたファスナー付きの保存袋に入れ、空気をきちんと抜いて冷凍します。

Q
42

かたまりで買った
バターは、
どんなふうに保存しますか?

A

アルミ箔できっちり包んで
冷蔵庫に入れています。

私はたいてい決まった銘柄のバターのかたまりを買います。大きなかたまりなので、4等分などに切り、アルミ箔《はく》でしっかり包んで冷蔵庫に入れています。アルミ箔で包んだものを、さらにファスナー付きの保存袋や容器に入れます。

なぜラップではなくアルミ箔かというと、売っているときにはアルミ箔のような紙で包まれているでしょう？　それに近い状態にしておいたほうが、においがつきにくいのではないかとヒントを得たからです。

冷凍も可能ですが、冷凍庫というのは、思いのほかにおいがつきやすい。バターはにおいを吸いやすい食品なので気をつけます。

バターは香りが命。私はおいしい有塩バターをトーストにたっぷりつけて食べるのが好きなので、バターの保存には気をつかいます。ちなみに料理にも同じ有塩バターを使っています。塩が入っているので味見をして、料理に加える塩を減らします。

なお、お菓子には主に無塩バターを使用します。

Q 43

使いかけのちりめんじゃこは、どう保存したらいいですか？

A

やわらかいものは傷むのが早いです。
小分けにして冷凍するか、
半調理しておくのがおすすめです。

よく乾燥しているちりめんじゃこは、ある程度日持ちしてくれますが、長く置くと味が落ちていきます。乾燥が浅くてやわらかいじゃこは、水気を含んでいるので傷みやすく、3〜4日でカビが出てきたりします。どちらも早めに食べきるのが基本です。

乾燥の程度に限らず、ちりめんじゃこをたくさん買ったときは、私は「ご飯の上にパッとひとつかみ」の量を目分量で分けて、ラップで包み、ファスナー付きの保存袋に入れて冷凍しておきます。

あるいは半調理しておくのもおすすめです。まず酢漬け。じゃこを保存びんに入れて酢をひたひたに注ぐだけで、じゃこが傷むことなく、そのまま食べられるので便利です。ゆでた青菜とあえたり、きゅうりの酢の物に加えたり、ご飯に混ぜたり、いろいろに使えます。冷蔵庫で2か月ぐらい持ちます。

同じ要領でオリーブオイルに漬けてもいいです。オリーブオイル漬けは、パンにのせて食べてもいいですし、パスタの具にしても。これは冷蔵庫で保存します。

揚げておくのも手です。180度ぐらいの高温の揚げ油で、じゃこをカリッときつね色に揚げて、網にとって油をきり、熱いうちに塩をふります。冷めたら保存容器に入れて常温で保存。サラダに散らしたり、豆腐にかけたり、あると重宝します。

Q 44

使いかけのしょうがが、
いつも乾いて
カサカサになってしまいます。

A

濡らしたペーパーに包んで
冷蔵庫に入れています。

しょうがも傷みやすい食品です。かといって、一度にすべてを食べきることはできませんよね。そのまま常温に置いている人もいるようですが、すぐに乾燥してしまいます。ですから私は濡らして水気をしっかり絞ったキッチンペーパーで包み、冷蔵庫に入れています。乾燥している冷蔵庫の中でも、こうしておくとドライになるのを防ぐことができます。ただし、ビニール袋のようなものに入れると、蒸れて腐りやすいのでご注意を。また、あまりビショビショすぎる状態でも傷みやすいです。濡らして絞っても破けない、厚手のキッチンペーパーで包んでください。濡らした新聞紙で包んでもいいです。こうして涼しいところに保存すれば、ある程度は持ちます。

しょうがはいろいろな料理に入れて楽しみます。炒め物に入れるほか、さばなどの青背魚を塩焼きにして、しょうがのすりおろしをたっぷりのせて食べたり、せん切りをたくさん作って煮物や煮魚の上にのせたり。しょうがは魚のくさみを取って、味を引き締めてくれます。薬味というよりも材料のひとつと考えて、料理にたっぷりのしょうがを使うのがおすすめです。

しょうがは濡らして絞ったペーパータオルで包み、冷蔵庫の野菜室で保存。こうすると持ちがよく、乾燥も防げます。ビニール袋に入れると蒸れて傷みやすいので、ペーパーに包んだままで。

◎厚揚げのしょうがじょうゆ

①厚揚げ1枚は食べやすい大きさに切る。フライパンを温めて油をひき、厚揚げを入れて弱めの中火でじっくりと焼く。箸で返して6つの面をカリッと焼く。
②しょうが1かけの皮をむき、すりおろす。
③厚揚げを皿に盛り、しょうがをのせ、しょうゆをかけていただく。

Q 45

パンをおいしく
食べきるには
どうすればいいですか？

A

冷凍がおすすめです。
焼くときは「高温で短時間」が、
おいしいトーストのコツです。

パンは焼きたてがいちばんおいしく、時間が経つにつれて水分が抜けて鮮度が落ちます。すぐに食べない分は、買ってきた時点で、できるだけ早く冷凍したほうがいいです。私は好みの食パンをいつも遠方から取り寄せています。届いたら、すぐにカットして1枚ずつラップに包み、冷凍してしまいます。

焼くときは、ラップを外し、凍ったままトースターなどで焼けばＯＫ。パンをおいしく焼くコツは「高温で短時間」です。お持ちのトースターでもオーブンでも、いちばん高い温度に設定して、サッと短時間できつね色に焼くのがいいのです。そうすると表面がカリッとして、中がふっくらと焼き上がります。焼く前にパンに霧吹きなどで水分を与えると、さらに中はふっくら表面はカリッと仕上がります。

わが家のトーストの焼き方は、まずオーブンを最高温度の３００度に予熱します。トースターなどを使う場合も、いちばん高い温度に設定して予熱しておくとよいです。庫内が温まったら凍ったままのパンを入れて庫内にシュッと霧吹きし、短時間でこんがりと焼きます。３００度のオーブンの場合は1分もかからずきつね色になります。

焼きたてのトーストにバターをたっぷりつけて食べるのが好きです。ふだんは質素な食生活ですが、トーストはバターのリッチな風味とともに楽しみたいのです。

こんがり焼いたトーストは朝の楽しみ。一日の活動の始まりですから、カロリーを気にせず、バターをたっぷりのせて、季節のジャムなどをつけていただきます。

[左上] パンも鮮度が大事。新鮮なおいしいうちに、ラップできっちりと包んで冷凍しておく。

[左下] 凍ったまま焼いてＯＫ。高温のトースターやオーブンで短時間焼く。

Q 46

食品をラップで包むのに、コツはありますか？

A

とにかく空気を抜きながら、ぴっちり包むことです。

ラップのようなものはなるべく使いたくないですが、それでも必要があって使う場合もあります。ラップは何のために使うのか、今一度考えてみましょう。

ラップで食品を包むのは、まず、食品が空気に触れて酸化するのを防ぐためです。食品を乾燥から防ぐ目的もあります。

ですから肉でも野菜でも、食品にラップをピタッと密着させるように、空気を抜きながら包まないと意味がないわけです。ふんわりと包んだのでは、空気が入って、食品の劣化につながります。切った野菜などはとくに、切り口に空気が触れないようにしっかり包んでください。

撮影で残った食材をラップで包み、スタッフに持ち帰ってもらうことがあります。そうすると後日、「いただいて帰った蒸しとうもろこしのラップが、なかなか外れなくてびっくりした」なんて言われることも。つまりそれほど、私は空気を抜きながら、きっちり包んでいるようです。たまに自分でも、自分で包んだ食材のラップが外れなくて難儀することがあります。そのため、ラップの包み終わりを少し立ち上げておくようになりました。

あまりラップを使いたくない私は、洗って繰り返し使えるビーワックスクロスも使用しています。

3章　料理する

Q
47

青菜をおいしくゆでるコツを教えてください。

A

葉物はできるだけたっぷりの湯で、
少量ずつ、
短時間でサッとゆでます。

小松菜やほうれん草などの青菜をゆでるとき、まず大事なのは大きめの鍋でたっぷりの沸騰湯でゆでることです。たっぷりの熱湯に塩少々を入れ、青菜を茎のほうから入れて、一呼吸くらいおいて葉先まで沈めます。茎をつまんで、やわらかくなっていればよし、です。

鍋が小さかったりお湯の量が少ないと、おいしくゆだりません。湯量が多ければ短時間でゆだり、「シャキッと歯ごたえよく仕上がる」ことにつながります。時間をかけてだらだらとゆでるとやわらかくなりすぎてしまい、歯ごたえも悪くなるし、色も悪くなります。

1束を2〜3回に分けて、少量ずつゆでるのもコツです。一度に多くをゆでようとすると、冷たい青菜がたくさんお湯の中に入るわけですから、お湯の温度が下がってしまいます。すると火が通るのに時間がかかり、青菜の歯ごたえと色が悪くなります。ですから少量ずつ、湯の中で青菜が泳ぐぐらいの感覚でゆでます。

湯の中で青菜の色が鮮やかになったら、すぐに引き上げ、小松菜は網に上げてそのまま冷まします。アクの出るほうれんそうは、お湯から引き上げたら冷水に浸けて網に上げます。

Q 48

青菜をゆでるとき、
どのタイミングで
お湯から引き上げますか？

A

緑が鮮やかになれば、
引き上げどきです。
上手にゆでた青菜は
歯ごたえが違います。

野菜をおいしくゆでるには、沸騰湯に入れたら、野菜をよく見ましょう。ほうれん草などはサッと湯に浸けただけで、たちまち緑色が鮮やかに。本当に一呼吸という感じです。ゆで加減は秒単位で変化します。葉物は色が変わったら、すぐにお湯から引き上げます。

小松菜は茎と葉とで火の通る時間が異なりますので、トングなどでつかんで茎を先にお湯に沈め、数秒あとに葉を入れます。そして茎のほうを引き上げて触ってみる。ちょっとやわらかい感触になっていれば、引き上げてよし。そうでなければ、もう少しゆでたほうがいいです。こんなふうに、ゆで加減を触って確かめることもよくします。ブロッコリーの芯などは、竹串で刺してやわらかさを確かめることもします。

スナップえんどうなどは、私はちょっとかじってみて、かたさを確かめます。つまりそれほどに、食べたときの歯ごたえが大事だということ。

ほうれん草や小松菜などの青菜が上手にゆだったかどうかは、絞ったときにわかります。ギュッと絞ったときに、繊維がつぶれてしまうようではゆですぎです。絞ってもなお、青菜にシャキッと芯が通っているようなゆで具合が理想です。そんなふうにゆでた青菜は、おひたしでシンプルに食べると、野菜の甘みや苦味がほどよく感じられて本当においしいです。

Q 49

青菜はゆでる前に、水に浸す必要がありますか？

A

青菜は、ぜひゆでる前に冷水に浸してください。青菜をシャキッと元気にしてからゆでるとおいしさが違います。

青菜はゆでる前に、冷水に浸けて元気にしておくことがとても大事です。「どうせゆでるのだから」と、くたっとした青菜のままでは、いくらたっぷりの湯でゆでたとしても、香りや歯ごたえもなく、おいしくありません。

採れてから時間が経って水分不足でしんなりしていた野菜も、冷水にしばらく浸けておくと、シャキッと元気になってくれます。

冷水は、冬場なら水道水をそのままで結構です。夏場なら氷水がいいでしょう。青菜の根元に十字に切り込みを入れて、しばらく冷水に浸けておきます。野菜がシャンとするまで。十分に水を吸った青菜は、野菜の細胞の中にまで水分が行き渡り、畑に生えていたときのようにピンピンして生き返ります。

こうして養生してから青菜をゆでると、本当においしくゆだります。甘く、香りよく、歯ごたえよく。驚くほど違うものです。それに細胞の中までしっかり水分を吸った野菜は、自分の水分で蒸されるようになるのでしょうね、ゆだるのが早いです。

もしかしたら青菜をおいしくゆでるには、ゆで湯に塩を入れるかどうかよりも、「青菜を元気にしてからゆでる」ことのほうが重要かもしれません。これはもちろん、「ゆでる」に限ったことではなく、炒めるときも揚げるときも生で食べるときも同じです。

青菜をおいしくゆでるには、野菜を冷水に浸けて、畑に生えていたときのようにピンピンにしてあげることが大事です。

［左上］　小松菜もほうれん草もチンゲン菜も、根元に十字に切り込みを入れて冷水にしばらく浸す。シャキッとするまで。

［左下］　ゆであがった小松菜やチンゲン菜は、素早く網やざるに上げて熱をとる。風を当てて冷ます。

Q 50

ゆでた野菜は水にさらしたほうがいいのですか？

A

場合によります。水にとるのはアクを落とすときと、野菜にそれ以上火を通したくないときです。

ゆでた野菜は必ずしも水にさらす必要はありません。水にとるのは、まずはほうれん草。ゆでてアクが出たのを洗い落とすためです。

絹さやも、私は冷水に一瞬とってから網に上げます。絹さやはすぐに火が通るので、ゆでて網に上げるだけでは、余熱でやわらかくなりすぎる。冷水にくぐらせて熱を素早くとり、余熱で火が入るのを防ぎます。

それから、とりわけ野菜を美しい緑色に仕上げたい、というときも冷水にとります。冷水に浸けることで色止めの効果があります。

野菜を水にとるときは、ボウルにたっぷりの冷水を用意しておきます。急速に野菜の熱をとることが目的なので、ぬるい水ではだめ。たっぷりの氷水であることが大事です。

そのほかの場合は、私はゆでた野菜を水にさらしません。湯から引き上げたら網にのせて、窓際などの風通しのよいところに置きます。こうして網やざるに上げて冷ますことを「おか上げ」と言います。風に当てて冷ませば水っぽくならず、ゆで野菜がおいしく仕上がります。

おか上げして、十分に熱がとれたら青菜の水気をギュッと絞り、食べやすく切っていただきます。

ほうれんそうの葉はやわらかくなりやすいので、ゆですぎに注意して、ゆでたらすぐに冷水にとります。

[左上] 口の広い大きな鍋に湯を沸かし、ほうれん草をトングでつかんで入れて、サッとゆでる。

[左下] お湯から引き上げたら、すぐに冷水に入れて網に上げる。ゆでた野菜を水に長く浸けすぎると、おいしくなくなってしまうのでほどほどに。ただし寒締めほうれんそうのように茎元が赤いものは色が変わりやすいので、少し長めに冷水に浸ける。

Q
51

ゆでた青菜の
おすすめの食べ方を
教えてください。

A

まずは、おひたしで召し上がれ。
「だしびたし」がおいしいです。

ゆでた青菜のおいしい食べ方といえば、まずはおひたしでしょう。毎日食べても飽きない、和食のすばらしい料理です。

青菜の熱がとれたら、水気をギュッと絞って、4〜5cm長さに食べやすく切ります。そしてもう一度ギュッと絞って、用意しておいた「だし」(だし汁+塩少々+しょうゆ小々)に浸けます。すると青菜がおいしい「だし」をサーッと吸います。噛むほどに、豊かなおいしさが口の中に広がるおひたしのできあがり。

おひたしは、青菜が上手にゆでられているかどうかが如実にわかる料理。ゆですぎて繊維がつぶれてしまったような青菜や、水っぽい青菜では、このおいしさは生まれません。

おひたしは、だしに浸すから「おひたし」。「だしびたし」とも呼びます。私は昆布とかつお節でおいしいだし汁をとり、塩を少し混ぜて軽い塩味をつけ、香りづけにしょうゆを少したらして「だし」を作ります。味見をしながら、ご自分で味を決めてください。

もちろん、ゆでた青菜は、しょうゆやかつお節をかけて食べるだけでもおいしいです。ただしその場合は、食べる直前に作るのが基本。その点、だしびたしは、青菜におだしをたっぷり含ませたいので、あらかじめ作っておけます。だしびたしは塩分も控えられるし、素材のうまみがよくわかる料理。おすすめです。

だしびたしは、ゆでた青菜を、だし汁＋塩少々＋しょうゆ少々の「だし」に浸けて作ります。

[左上]　バットなどに「だし」を用意しておき、ゆでた青菜を食べやすく切って水気をよく絞り、浸しておく。青菜の水気をしっかり絞ることで、青菜がおいしいだしをたっぷり含む。

[左下]　写真の小松菜以外にも、ほうれん草、菜の花、春菊、せりや三つ葉、絹さや、いんげん、ブロッコリーなど、緑の野菜はどんなものでもだしびたしに向く。

Q 52

おひたし以外で、青菜の簡単な食べ方はありますか？

A

ごまあえ、ごま塩あえをぜひレパートリーに加えてください。

ごまあえは大人も子どももみんなが好きですよね。おいしく作るコツはごまにあり。白ごまでも黒ごまでも、食べる直前に「炒《い》る」「擂《す》る」、これがとても重要です。

炒りごまは封を切ったら、指先でひねって香りを確かめます。いい香りがすればそのまま使います。封を切って数日経ったために香りが落ちているときは、使う前に鍋やフライパンでから炒り（油をひかずに炒めること）をしてから使います。鍋やフライパンにごまを入れ、弱火にかけて、鍋をときどき揺すりながら炒ります。よく見ていると、火の入ったごまはプックリとふくらんだようになります。指で一粒ひねってみて、すぐにつぶれてよい香りがすればＯＫです。

炒りたてのごまを、擂り鉢で擂るか、バーミックスなどのハンドミキサーにかけて細かくします。うっとりするようなよい香りが立ち上ります。ごまをどの程度擂るかはお好みです。こうして「炒る」「擂る」をしたごまに、しょうゆなどを加えて「あえ衣」を作り、ゆでて食べやすく切った野菜を入れてあえる。これがごまあえです。おいしくゆでた野菜と、ごまの香りのごちそうです。

擂ったごまに塩を混ぜて野菜をあえる「ごま塩あえ」も、私はよく作ります。ほかにしょうゆ味のおかずがあるときなどは、ごま塩あえにすると献立の味のバランスがとれます。

ごまあえはコクがあって、ご飯のおかずにもお酒のつまみにもぴったり。ごまは食べる直前に擂るとおいしいです。

【左上】 青菜の水気はしっかり絞ること。しっかり絞ることで、おいしいごまが野菜に絡みやすくなる。

【左下】 から炒りして、擂ったごまにしょうゆを混ぜる。ここへゆでた野菜を加えてあえるだけ。写真のほうれん草のほか、小松菜やアスパラガスのごまあえもおいしい。

Q 53

水からゆでる野菜と、お湯からゆでる野菜の違いは？

A

丸ごとのじゃがいもなら、水からゆでます。根菜でも薄く切った場合は、沸騰湯でゆでてＯＫです。

一般的にじゃがいも、れんこんなどの根菜は「水からゆでる」とされています。でも、薄切りにしてからゆでる場合は、根菜も沸騰したお湯でゆでて大丈夫です。

じゃがいもも薄切りや細切りにして火が通りやすくなっていれば、お湯でゆでます。逆に、丸のままや半分程度に切ったじゃがいもなら、沸騰湯でゆでるとまわりばかりがやわらかくなり、芯のほうまでなかなか熱が届かない。だから、かぶるくらいの水から竹串がすっと刺さるまで、静かに時間をかけてゆでます。

料理は学校の勉強とは違います。「根菜は水からゆでる」と教えられたことを頭で覚え込むのではなく、「この野菜を、芯のほうまでやわらかくゆでるにはどうしたらいいかな」と自分で考える。材料と向き合って、そのつど考えることが大事です。

同じ大根でも、火の通りの早いものと、なかなか火が通らないものがあります。竹串で刺してみて「今日の大根はかたいから、もう少しじっくり煮よう」と自分で判断する。素材との会話ですね。そこに料理の楽しみがあります。

Q
54

ごぼうの皮はどこまで洗えばいいですか？

A

「タワシでサッと洗う」感覚です。茶色い部分を全部落とさないほうが香りがいいです。

ごぼうは皮にこそ、香りがあります。茶色い部分を全部こすり落とすのは、せっかくのごぼうの香りを捨ててしまっているようなものです。よく「ごぼうは包丁で皮をこそげる」と言いますが、ごぼう好きの私は泥だけ落とし、皮は残します。皮をこそげてしまったら、ごぼうの魅力が半減してしまうからです。

ごぼうはタワシで洗うだけです。ゴシゴシと、でもサッと手早く。表面の汚れを落とすぐらいの感覚です。

手早く洗わないと、アクが強いごぼうは、空気に触れることで茶色く変色してしまいます。ですので、洗ったら切るそばから酢水にさらします。ボウルに水を入れて、酢を少したらした中に浸けます。こうすると、水が茶色っぽくなってきます。

酢水にさらすのも、私は5分程度。それ以上さらすと、ごぼうの香りや味わいが薄くなってしまうからです。アクはまだごぼうの中に残っていますが、それもうまみのうち。変色しない程度にアクが抜ければよいのです。

水から引き上げたら、すぐに調理します。切ったごぼうを置いておくと、また色も変わるし風味も落ちます。切ったらすぐに料理する、が原則です。

ごぼうは皮にこそ香りがあります。香りを落としてしまわないように下ごしらえをします。

［左上］　ごぼうを洗いやすい長さに切り、シンクの中に置いて、流水に当てながらタワシで洗う。皮をこそげ落として白くするのではなく、表面の汚れや皮のかたくなったところだけを落とす感覚で。

［左下］　豚汁用に切ったごぼう。切り口が空気に触れるとすぐに変色してしまうので、切るそばから酢水に浸ける。

Q 55

野菜を切ったあとに水にさらすのはなぜですか？

A

野菜によって目的が違います。
デンプンをとるため。
アクを抜くため。
辛味をとるため。
葉野菜はパリッとさせるためです。

じゃがいもを水に浸けることで、独特のえぐみをとったり、茶色く変色するのを防ぐことができます。また、じゃがいもはデンプンが多いので、水に浸けてデンプンを落とすことで、のりのように調理中にくっついてしまうのを防ぐ目的もあります。

切ったなすを塩水やミョウバン水に浸けるのは、アクを抜くためです。水に浸けないとすぐに変色してしまいます。ミョウバン水とは、大きなスーパーなどで購入できる焼きミョウバン（粉末や顆粒）を水に溶かしたもの。水が白っぽい色になる程度にミョウバンを加えて作ります。野菜の色止めの効果があります。ミョウバン水に浸けたあとは、よく水洗いしてから使います（渋みが残るため）。

ちなみにアクのあるなすも、切ってすぐに（変色する前に）素揚げするような場合は、水にさらさなくて大丈夫。高温で熱するとアクがまわらず、おいしく食べられるからです。

薬味の長ねぎやしょうがは、せん切りにして水に放ちます。これは辛味をマイルドにするためです。使う直前に水気を絞り、料理にそのまま添えていただきます。

レタスを冷水に浸けるのは、パリッとさせるため。サラダ菜やルッコラも同じです。葉野菜を水に浸けるときは、必ず冷水で。ぬるい水では効果がありません。

Q
56

しょうがは皮をむいて使いますか？

A

せん切りにして煮物に添えるときは皮をむきます。
煮物に入れて一緒に煮るときはむきません。

野菜は皮や皮のすぐ下の部分が、香りやうまみが強いのです。ですから、何でも皮をむいて中だけを使うものだと思っていたら、もったいないです。料理によって、皮をむく、むかないを使い分けましょう。

かぶとひき肉の煮物を作ったら、私は細いせん切りにしたしょうがを天盛りに（料理の上にのせること）します。この場合はかたい皮の食感はないほうがいいので、皮をむいてからせん切りにし、水に放って辛味を抜き、水気をきって料理の上にのせます。

大根と鶏手羽の炒め煮を作るときは、味を引き締めるためにしょうがを入れて煮ます。こういうときは皮つきのまま薄切りにして加えたほうが、しょうがの風味が生かせます。

煮魚も、しょうがを皮つきのまま薄切りにして加えて一緒に煮ます。煮たしょうがは皮つきのまま食べてもおいしいです。でも、皮つきはかたくて嫌だと思うならば、最初から皮をむいて入れてもいいのです。お好みです。

しょうがをすりおろすときは、私は皮をむいておろします。むいた皮も捨てないで利用したいもの。煮物にしょうがを入れるとき、皮だけを風味づけに入れてもいいですし、鶏肉を水から煮てスープをとる際も、くさみ取りのしょうがの皮が必需品です。こうして使うために、むいた皮を冷凍したり干したりしてとっておくのもよいでしょう。

Q
57

料理によって
野菜の切り方が違うのは
なぜですか？

A

切り方で味わいが
大きく変わるからです。

玉ねぎを切るとき、繊維に沿って切るのと、繊維を断ち切るように切るのとでは、歯ごたえや味わいが違います。繊維に沿って切ったほうがシャキッとして、より玉ねぎらしさを感じられます。繊維を断ち切るように切った玉ねぎは、歯ごたえがやわらかく感じます。

こんなふうに野菜は切り方や大きさで、食感が大きく変わるのです。

とんかつの付け合わせには、キャベツのせん切りがつきものです。せん切りにすると繊維が細かく断ち切られるので、生のキャベツも食べやすいです。フレッシュなキャベツがたっぷり食べられて、揚げ物の後味をさっぱりさせてくれます。

ひと口大に切った豚肉とキャベツを炒めるときは、キャベツはせん切りにはしません。キャベツもひと口大に切ります。

野菜をほかの具材と炒め合わせたり煮たりするときは、ほかの具材と同じくらいの大きさ、同じような形にすることが多いです。同じくらいの大きさや切り方にすると、火の通りがだいたい揃うからです。また、そのほうが食べやすいし、仕上がりもきれいです。

玉ねぎは、みじん切りとくし形切りでは味わいが違います。切り方が大きくなるほど、野菜の〝主役度〟が高くなるので、野菜そのものを味わいたいときは大きく切ったり、丸のままで焼いたり煮たり蒸したりします。

みじん切り……繊維が断ち切られているので食べやすい。火が通りやすくて玉ねぎの甘みやうまみが外に出やすく、料理の味だしとして使うことも多い。

くし形切り……玉ねぎの甘味やサクッとした歯ごたえが味わえる。

［左下］ レタスのようなやわらかい野菜は手でちぎるとよい。手でちぎると野菜の切り口がギザギザになり、ドレッシングが絡みやすく、盛りつけたときに表情も出る。ルッコラやハーブは手でちぎると香りが立つ。

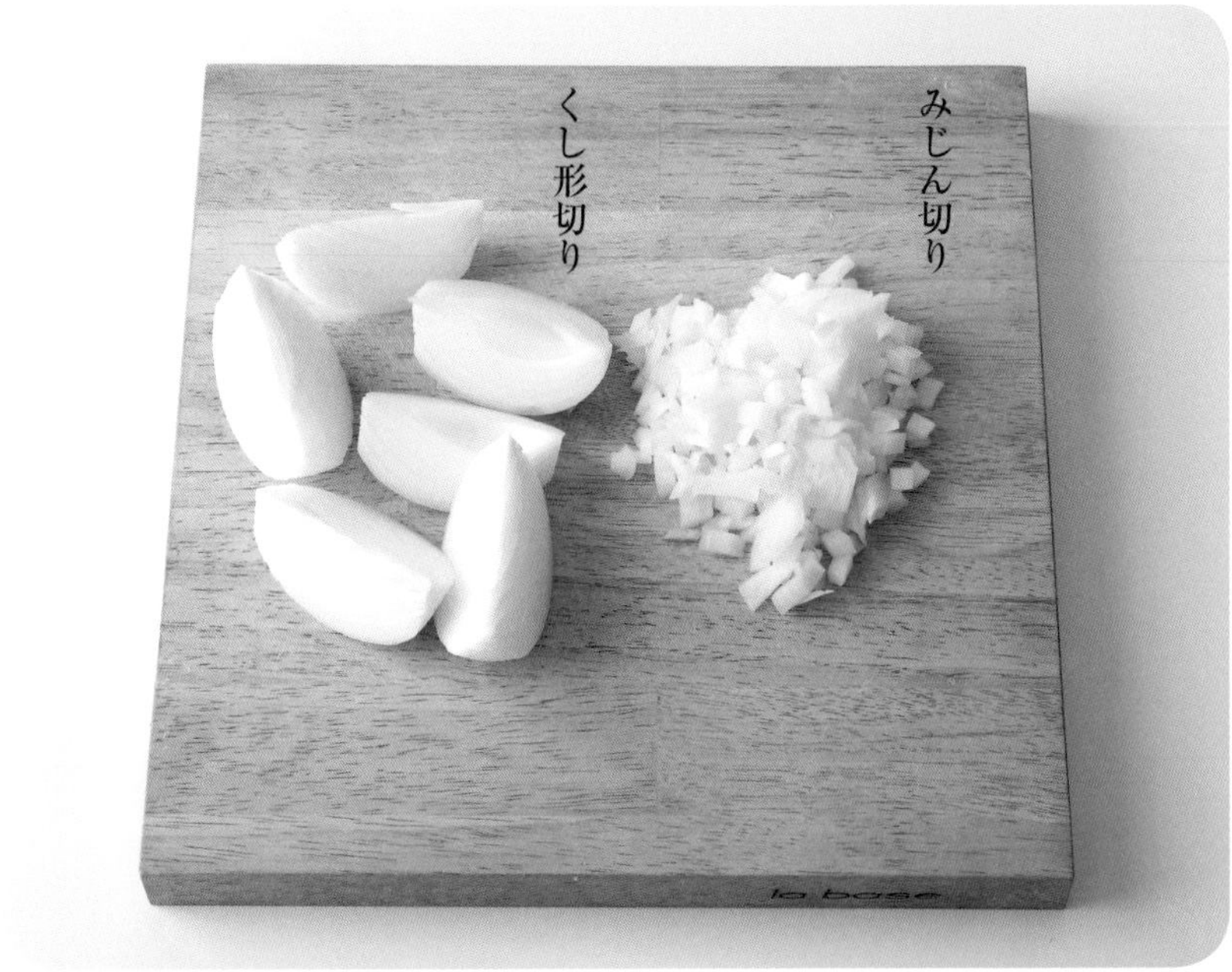
みじん切り
くし形切り
la base

Q
58

キャベツのせん切りが太くなってしまいます。

A

１枚ずつはがしてから切っていますか？
芯がついて葉が重なったままのキャベツを端から細く切るのは難しいです。

$1/2$個や$1/4$個にカットされたキャベツを、そのまま端からザクザク切っている人もいると思います。炒め物など大きく切るときはそれでもいいのですが、生で食べる細いせん切りにするには、その状態で切るのは少し難しいでしょう。

きれいなせん切りにするために、私はこんなふうにしています。

キャベツの芯のまわりにぐるりと包丁を入れて、葉を1枚ずつはがします。外側のかたい葉を2枚ぐらい外し、3枚目ぐらいから数枚の葉をせん切りに使います。このあたりの葉が薄緑の色がいちばんきれいで、食感もかたすぎずやわらかすぎず、生でせん切りで食べるのにちょうどいいのです。

葉を1枚ずつはがしたら、芯の部分をV字に切り取ります。

次に葉を縦半分に切り、さらに横半分に切って数枚を重ねてくるりと丸め、端からせん切りにするのです。このとき、きちんと形を整えてから切ると、きれいなせん切りができます。

包丁をよく研いで、よく切れる包丁で切ることも大事です。切れ味次第で糸のように細く切ることも可能です。

キャベツは外側の葉を2枚ほど外し、3枚目あたりの葉をせん切りにします。

【左上】 丸ごとのキャベツの芯のまわりに包丁を入れて葉を1枚ずつはがし、葉の芯を切り取る。1枚を縦半分に切り、さらに半分に切って大きめの葉を下にしてきれいに重ねる。

【左下】 重ねた葉をくるりと丸め、手で押さえながら端から細く切る。

la base MADE IN JAPAN

Q 59

油揚げの油抜きは、必ずしたほうがよいですか？

A

場合によります。
カリカリに焼くとき以外は
油抜きをしたほうがいいです。

油揚げは近所の豆腐屋さんで買ってきたてできたての油揚げなら、そのまま食べたいです。でもスーパーなどで買ってくる油揚げは、作られてから時間が経っています。

時間が経つ＝油が酸化している、ということ。だから煮物やみそ汁に入れるなら、油抜きをしたほうがよいでしょう。お湯を沸かして油揚げを入れ、箸で沈ませながら5〜6秒お湯にくぐらせ、ざるに上げて水気をきります。お湯をまわしかけるだけではきちんと油抜きできないので、お湯にくぐらせてください。油抜きは油を落とす目的です。また油を抜くと味がしみやすくなります。いなり寿司の油揚げも、油抜きをして余分な油を取ることで調味料の味がよくしみておいしく煮えます。

油抜きをしないこともあります。それは炒めたり焼いたりする場合です。私がよく作る油揚げとキャベツ炒めのときもそうです。

中華鍋に油とにんにくを入れて弱火にかけ、にんにくの香りが立ったら、食べやすく切った油揚げを入れて香ばしく焼きつけます。しょうゆを加え、好みで豆板醤を加えて味をからめます。油を足して食べやすく切ったキャベツを加え、強火で炒め合わせます。キャベツには味をつけず、油揚げが吸ったしょうゆ味でいただくのがおいしいです。この料理は小松菜で作っても美味（42ページ）。おすすめです。

Q 60

にんにくの香りを出そうと
炒めると、
つい焦がしてしまいます。

A

必ず冷たい油から弱火で炒めます。
そうすればきつね色になって、
よい香りが立ちます。

熱したフライパンや、熱い油の中ににんにくを入れて炒めようとすると、たちまち焦げてしまい、嫌なにおいがしてきます。にんにくは焦がしてしまったら、もうアウト。一からやり直しましょう。

炒め物にしろ、パスタのソースにしろ、にんにくを炒めて香りを出したいときは、必ず冷たい油から火にかけます。冷たい中華鍋やフライパンににんにくを入れて、オイルを加え、それから火をつける。炒めるというよりも、弱火でジュクジュクとにんにくに火を通して、にんにくの香りをオイルに移す感覚です。

こうしてじっくり炒めて、中のほうまでしっかり火の通ったにんにくは香ばしくて、食べてもくさくなりません。なおにんにくは、真ん中の芯芽を取り除いて使います。

にんにくをどんなふうに切るかは、どう食べたいかによって決まります。全体にまんべんなくにんにくを行き渡らせたいとき、にんにくじたいを食べてもよいときは、みじん切りにします。料理ににんにくの香りだけをつけて、にんにくはよけて食べないようにしたいときは、軽くつぶした程度の大きな状態で使います。

薄切りにしたにんにくは、炒め物やパスタに向きます。

にんにくはどんなふうに食べたいかによって、切り方を変えます。

つぶしたもの……包丁の腹をにんにくの上にのせ、上からげんこつや手のひらでパンッとたたいてつぶす。つぶすと薄皮も簡単にむける。

薄切り……にんにくの端を切り落とし、薄切りにして、竹串で芯芽を取り除く。

みじん切り……半分に切って芯芽を取り除いたにんにくを切り口を下にして置く。にんにくの厚みに2～3本の切り込みを入れてから、縦横に細かく切る。

［左下］　冷たいフライパンや中華鍋ににんにくを入れてオイルを注ぎ、それから火をつける。冷たい油から弱火でゆっくり火を通し、オイルに香りを移す。

薄切り
つぶしたもの
みじん切り

Q
61

野菜炒めを作ると、
かたすぎる野菜があったり、
逆にべちゃっと
なったりしてしまいます。

A

たくさんの野菜を
一度に炒めていませんか？
野菜と肉は別々に炒めて
あとで炒め合わせると
うまくいきます。

野菜でも肉でも、たくさんだったり、いろいろな具材だったりを一度に炒めるのは、火力の弱い家庭のコンロではうまくいかないと思います。かたい野菜に火を通そうとして長く炒めていると、ほかの野菜から水分が出てべちゃっとした野菜炒めになってしまいます。ではどうするか。何種類もの具材を炒めるときは、1種類ずつ炒めてみましょう。たとえばキャベツと豚肉炒めを、私はいつもこんなふうに作っています。

キャベツをひと口大に切り、冷水に浸けてパリッとさせる。豚肉を食べやすく切る。中華鍋を熱して油をひいてキャベツを入れ、必要ならば水少々をふり、サッと炒めて取り出す。空いた中華鍋に油を足し、豚肉を入れてカリッと炒める。しょうゆをジュッと加えて豚肉に味をつける。キャベツを戻し入れて、サッと炒め合わせ、好みで黒こしょうをふる。

キャベツは少し生っぽいくらいのほうが、歯ごたえがあっておいしいです。キャベツには味をつけず、豚肉のしょうゆ味で食べるほうがキャベツの甘みが引き立ちます。

何種類かの野菜を炒め合わせるときも、別々に炒めます。キャベツとにんじんと玉ねぎとピーマンはそれぞれ火の通る時間が異なりますから、1種類ずつサッと炒めて塩を軽くふって取り出し、最後に全部を炒め合わせます。この作り方なら、それぞれの野菜においしく火を通すことができるし、野菜の色もきれいに仕上がります。

キャベツと豚肉の炒め物は、肉と野菜を別々に炒めて最後に炒め合わせます。キャベツを先に炒めて軽く火を通し、取り出してから肉を炒めます。

［左上］ 中華鍋を熱して油をひき、食べやすく切ったキャベツを入れて水少々をふり、強火でサッと炒める。塩少々をふってざるなどに取り出す。空いた中華鍋に油を足し、にんにく、しょうがのみじん切りを炒め、食べやすく切った豚肩ロース肉を入れて中火で炒める。豚肉がカリッとなったら、しょうゆをまわしかける。好みでオイスターソースでもよい。

［左下］ キャベツを戻し入れて、大きく混ぜて炒め合わせる。好みで黒こしょうをふる。

Q
62

焼きそばがフライパンから
あふれてしまい、
うまくできません。

A

うちでは野菜とそばを別々に炒めて
それぞれを大皿に盛り、
食卓で混ぜて食べます。

野菜いっぱいの焼きそばを作りたいのですね。上手に作るには、焼きそばも野菜炒めと同じ考え方で作ります。具を1種類ずつ炒めます。にんじん、きのこ、キャベツ、もやし、豚肉、桜えびなど、具は何でもいいのですが、順番に同じフライパンで炒めていきます。最初に、そばを焼きます。フライパンを熱してから油をひいて両面をカリッと焼き、皿に移します。それから野菜を順番に炒めます。にんじんのせん切りを炒めて酒少々をふり、塩をパラパラとふって、ちょうどよく火が通ったら大皿に取り出します。同じようにキャベツ、もやし、桜えびや肉をそれぞれほどよい歯ごたえに炒め、必要な具材には塩やこしょうで軽く味をつけて、先に炒めた野菜の上に重ねていきます。野菜や桜えびなどの具が層になった大皿ができます。

カリッと炒めた焼きそばの皿、シャキッと炒めた野菜の大皿をテーブルに置き、ソース、酢、しょうゆ、豆板醤などの調味料も並べます。そして各人が自分のお皿に食べたいだけ焼きそばを取り、野菜炒めをのせて、好きな味つけをして混ぜながら食べます。

ソース味が好きな人もいれば、酢とこしょうでさっぱりと食べたい人もいる。「みんながおいしい」野菜たっぷりの焼きそばです。

そばと野菜を別々に炒めることで、野菜がたくさん食べられます。

● **野菜たっぷりの焼きそば**

①フライパンをよく熱して油をひき、焼きそばをほぐしながら入れる。油をそばにまわしかけ、ほぐしながら炒めて、４人分なら4等分ぐらいにざっと分け、それぞれを裏返してカリッとするまでじっくり焼き、大皿に移す。

②フライパンに油をひき、せん切りのにんじんを入れて酒少々をふって炒める。少し火が通ったら、しめじを加えて塩をパラパラとふり、大皿に移す。

③フライパンに油を足してキャベツのせん切りを炒め、塩、こしょうをして②の野菜の上に重ねる。

④油を足して桜えびを炒め、カリッとしたらこしょうをふり、③の上に重ねる。

⑤油を足してもやしを広げて入れ、水か酒少々をふって炒め、塩少々をふって④に重ねる。

⑥油を足して斜めせん切りにした長ねぎを炒め、豆苗も加えてサッと火を通し、塩少々をふって⑤に重ねる。

⑦①と⑥の皿をテーブルに並べ、ソース、しょうゆ、酢、豆板醤、ＸＯ醤などを小鉢で添える。各人で取り分け、好きな味をつけて食べる。

Q 63

ピーマンを1袋買っても、
いつも余ってしまいます。

A

きんぴらにすれば、
1袋ペロリと食べられます。
甘くないきんぴらは
ほかの野菜でもおすすめです。

きんぴらは一般的に、炒めた野菜を砂糖やみりん、しょうゆで味つけしますが、私は〝甘くないきんぴら〟も好きで、よく作ります。

中でもピーマンは〝甘くないきんぴら〟で食べるのがおすすめです。ひとりで1袋分を食べられてしまうほどおいしいです。

作り方は簡単。ピーマンを食べやすく切って、油をひいた鍋で炒めます。油がなじんだら、酒、しょうゆ各少々を加えて軽く炒め煮にします。少ししんなりすればできあがり。

こういう料理は調味料を量らないほうがいいです。鍋の中を見て「このぐらいの味がついていたらいいかな」と目で量る〝目分量〟で作ったほうがおいしくできます。もちろん味見もします。

〝甘くないきんぴら〟は、じゃがいも、セロリ、小松菜、れんこんなどで作っても。しょうゆの代わりに塩で味をつけたり、じゃこを加えたりすれば、また違う味わいです。

ごぼうやにんじんは、きんぴらにするときはみりんなどを加えて、少しだけ甘みをつけたほうがおいしいです。いずれの野菜も、せん切りにして油で炒めて味をつければ、きんぴらのできあがり。野菜が一度にたくさん食べられる、とても重宝する料理です。

野菜を油で炒めて、しょうゆなどで味をつけた料理全般を〝きんぴら〟と私は呼んでいます。甘くないきんぴらもぜひ作ってみてください。

◉にんじんのきんぴら

① にんじんは太めの斜めせん切りにする。
② 鍋を温めて油をひき、にんじんを炒める。
③ 酒、みりん、しょうゆを目分量で加える。歯ごたえが残るように仕上げたら、余熱で火が通りすぎないうちに、バットなどに移す。好みでごまをふっても。

◉ピーマンのきんぴら

① ピーマンはへたの下から包丁を入れて、縦にそぐように切る。こうすると種がへたについたまま残り、種が飛び散らない。なお、新鮮なピーマンなら種がついたまま食べても問題なし。
② 鍋を温めて油をひき、ピーマンを入れて炒める。
③ 油がなじんだら、酒、しょうゆを目分量で加える。ピーマンはしょうゆが少なめのほうが美味。歯ごたえが残るように仕上げたら、余熱でそれ以上やわらかくならないようにバットなどに移す。

Q
64

素材にまんべんなく
塩をふる、
というのがうまくできません。

A

ある程度の高さから
少しずつふると
うまくいきます。

肉でも魚でも、調理する前に塩をふって下味をつけると、料理の味が引き締まります。また、素揚げした野菜の揚げたてに塩をふるようなことも多く、「塩をふる」は大事なプロセスです。

塩をふるとき、素材から手を離して、ある程度の高さからふります。高いところから指先をすり合わせるようにしてふれば、均一にふることができます。

塩は一度にたくさんではなく、ひとつまみずつです。親指、人差し指、中指の3指で軽くつまんだのが〝ひとつまみ〟。塩分が気になる方は、自分のひとつまみがどれぐらいの量があるのか、お皿にとって量ってみましょう。意外に少ない量です。

たとえば肉に下味をつけるときは、ひとつまみの塩を、肉の25㎝ぐらい上からふります。このとき、指と指をチリチリとこすり合わせるようにして、塩を少しずつ下に落とす感覚です。指先ではなく、塩をふられる肉のほうを見ることも大事。肉を見ながら、塩がまだ当たっていないところをめがけて、指の位置を少しずつ動かしながら塩をふります。

サラダに塩をふるときも同じで、ボウルの中の野菜にオイル、酢、こしょうをふって軽くあえたら、最後に高いところから塩をふります。そして軽くあえる。調味料は目分量でOK。サラダはこうして作ると、塩が少量でも野菜の味が引き立っておいしくできます。

Q 65

魚に塩をふってしばらく置くのはなぜですか？肉の場合も置きますか？

A

魚に塩をふると、余分な水分が外に出て身が締まり、魚がおいしくなります。

魚には塩をふります。塩をふってしばらく置くことで、魚の余分な水分が外に出て身が締まり、うまみが出ておいしくなるのです。

とくにいわしやあじといった青背の魚は、塩をしっかりふるとおいしい。頭を切り落として内臓を取り除いたら、魚を水でよく洗って水気を拭き、角ざるなどにのせて両面に塩をしっかりふります。粒子の細かい塩のほうが、全体にまぶすことができます。

塩をふったら、冷蔵庫に15分ほど入れておきます。15分ほど置くと、魚から出た水分で塩が溶けたようになっています。出た水分はペーパーで拭き取ります。

塩焼きにする場合は、焼く直前にさらに魚に粒子が粗めの塩を少量ふって焼きます。最初にまぶす細かい塩は、魚をおいしくするための塩。あとでふる粗い塩は、塩気を感じるための塩です。カリッとした塩のおいしさを味わえます。

魚の塩ふりは切り身の場合も同じで、両面に塩をふり、冷蔵庫に入れます。切り身魚のほうが水気が出てくるのが早いので、10分程度おけば大丈夫です。

肉も下味に塩をふることが多いですが、厚みのある豚肉や牛肉は、何もつけずに焼いてからおいしい塩をつけていただくのが、おすすめです。水気の多い鶏肉の場合は塩をふって冷蔵庫に入れ、ある程度の時間をおいて、出てきた水分を拭き取ってから調理します。

魚の塩焼きは、塩を二段階でふります。最初にふる塩は魚の余分な水分を出して、魚のうまみを引き出すための塩。焼く直前にふる塩は、塩気を味わうための塩です。

◉あじの塩焼き

① あじは盛りつけるときに下になるほうの腹（左頭なら右側の腹）に切り目を入れて内臓を取り除き、水でよく洗う。お腹の中まで洗い、お腹の中の水気もしっかり拭く。

② バットにのせて、高いところから粒子の細かい塩を全体にふる。塩を両面にふり、冷蔵庫に15分ほど入れる。

③ 冷蔵庫から出したあじの水分を拭き取り、今度は粒子の粗い塩を両面にパラパラとふる。

③ 両面をこんがりと焼く。

Q 66

鶏むね肉を手軽においしく食べるには、どうすればいいですか？

A

酒蒸しにしておくといいです。
私もよく作り置きしています。

私は鶏むね肉をよく食べます。むね肉はゆでるよりも酒蒸しにしておくのがおすすめで、蒸し汁に浸けたまま冷蔵庫で保存すれば肉がパサつかず、しっとりとしておいしく食べられます。

むね肉はなるべく小さめで薄いものを選んだほうが、身が締まっていて味がよいと思います。やたらに大きい鶏肉は大味です。

むね肉を皮つきの大きいまま、軽く塩をふり、プレートや平皿にのせます。日本酒を多めにふりかけて、湯気の立った蒸し器に入れて蒸します。薄い肉なら5分程度で中まで火が通ります。触ってみて、かたくなっていれば火が通っています。蒸しすぎると肉が縮んでしまうので、5〜10分蒸して火が通っているか確かめて火を止めてください。

そのまま蒸し汁に入れた状態で冷まします。こうすることで鶏肉がしっとりとします。保存する場合は冷まして保存容器に移し、蒸し汁に浸けたまま冷蔵庫に入れます。

蒸し器がない、という方もいるでしょう。ふたのしっかりできる普通の鍋で蒸すこともできます。鍋に5㎝ほどの深さに水を入れ、鍋の中に小さなざるを入れて、ふたをして火にかけます。沸騰して蒸気が上がったら、鶏肉をのせたプレートを鍋の中のざるの上にのせて、ふたをして蒸します。少量の蒸し物であれば、この方法でうまくいきます。

鶏むね肉は酒蒸しにしておくのがおすすめ。蒸したむね肉は細くさき、細切りにしたザーサイとねぎと混ぜ、ごま油であえて食べるとおいしい。蒸し汁は冷凍しておき、量がたまったらスープとして利用します。

【左上】 むね肉をプレートや平皿にのせて、軽く塩をふり、酒を多めにふる。鍋の底から5㎝ほどの深さに水を入れ、ざるを入れてふたをし、火にかける。沸騰したらざるの上にプレートごと胸肉をのせ、ふたをして5～10分蒸す（わかりやすくするために、写真は沸騰前の状態）。

【左下】 蒸し上がったら取り出して蒸し汁に浸けたまま冷ます。保存容器に移し、汁に浸けた状態で冷蔵庫で保存する。

Q 67

チキンソテーを作ると、
表面は焼けているのに
中が生のことがあります。

A

肉の筋切りをしていますか？
１枚のまま焼くのが難しければ
切って焼けば
火の通りがいいです。

チキンソテーは皮がパリッとしていて中はふっくら、という状態を目指したいもの。上手に焼くためには、いくつかのコツがあります。

まず、鶏肉を室温にもどしておきます。そして筋切りをします。鶏肉の身の側にはよく見ると薄くて透明な筋膜があり、さらに白い筋が通っています。この筋膜と筋をナイフでカットしましょう。こうすることで、鶏肉が平らに開かれて、フライパンに当たる面積が増え、火が通りやすくなります。筋切りをしないで焼くと、肉が縮まって皮がフライパンから浮いて波打ってしまい、皮がパリッとなりづらいのです。

丸のままの1枚を焼くのが難しかったら、大きめに切って焼いてもよいでしょう。そのほうが、火の通りが早くなります。ただしあまり細かく切ると、せっかくの肉のジューシーさが損なわれますので、1枚を2～4等分程度に切るのがおすすめです。

フライパンをガス台の上で動かして、端のほうにある肉の下にも火が当たるようにすることも大事です。あるいは逆に肉をフライパンの中で動かして、火の通りを均一にします。

鶏肉は皮の側から先に焼き、皮がカリッとしてまわりに火が通ってきたら、返して身の側を焼きます。ふたをすると蒸したようになって皮がやわらかくなってしまうので、ふたはしないで焼きましょう。

鶏肉は筋切りをすることで肉が開かれて、縮まるのを防ぐことができます。

【左上】 鶏もも肉は身の側に薄い筋膜があり、白い筋が通っている。これらをペティナイフの先でカットする。

【左下】 鶏肉は筋切りして1枚を4等分ほどに切り、塩、こしょう、好みでにんにくやローズマリーをまぶして下味をつける。フライパンに多めに油をひき、鶏肉を皮目を下にして入れる。ときどきフライパンを動かして中火で焼き、皮がカリッと焼けたら返して身の側を焼く。

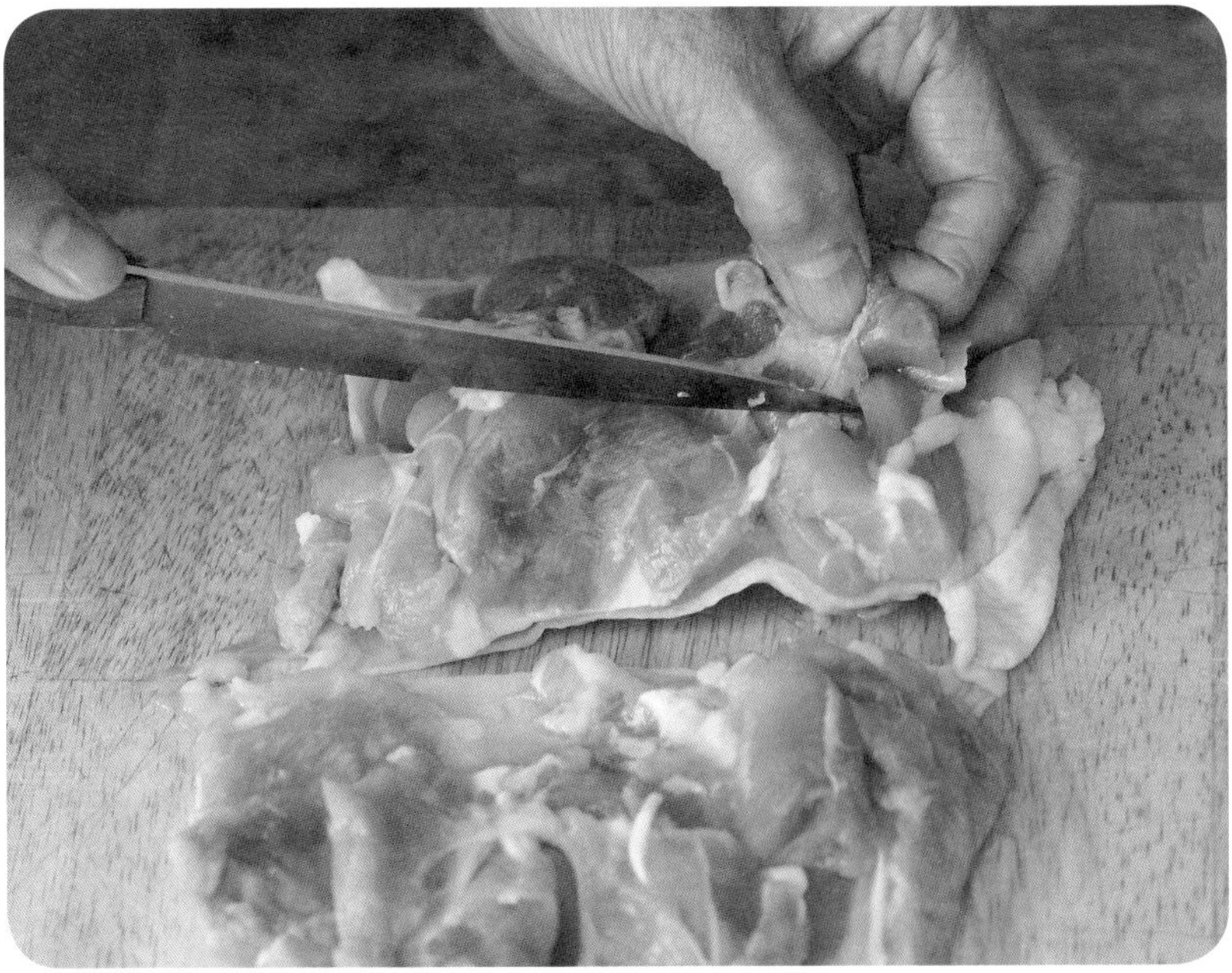

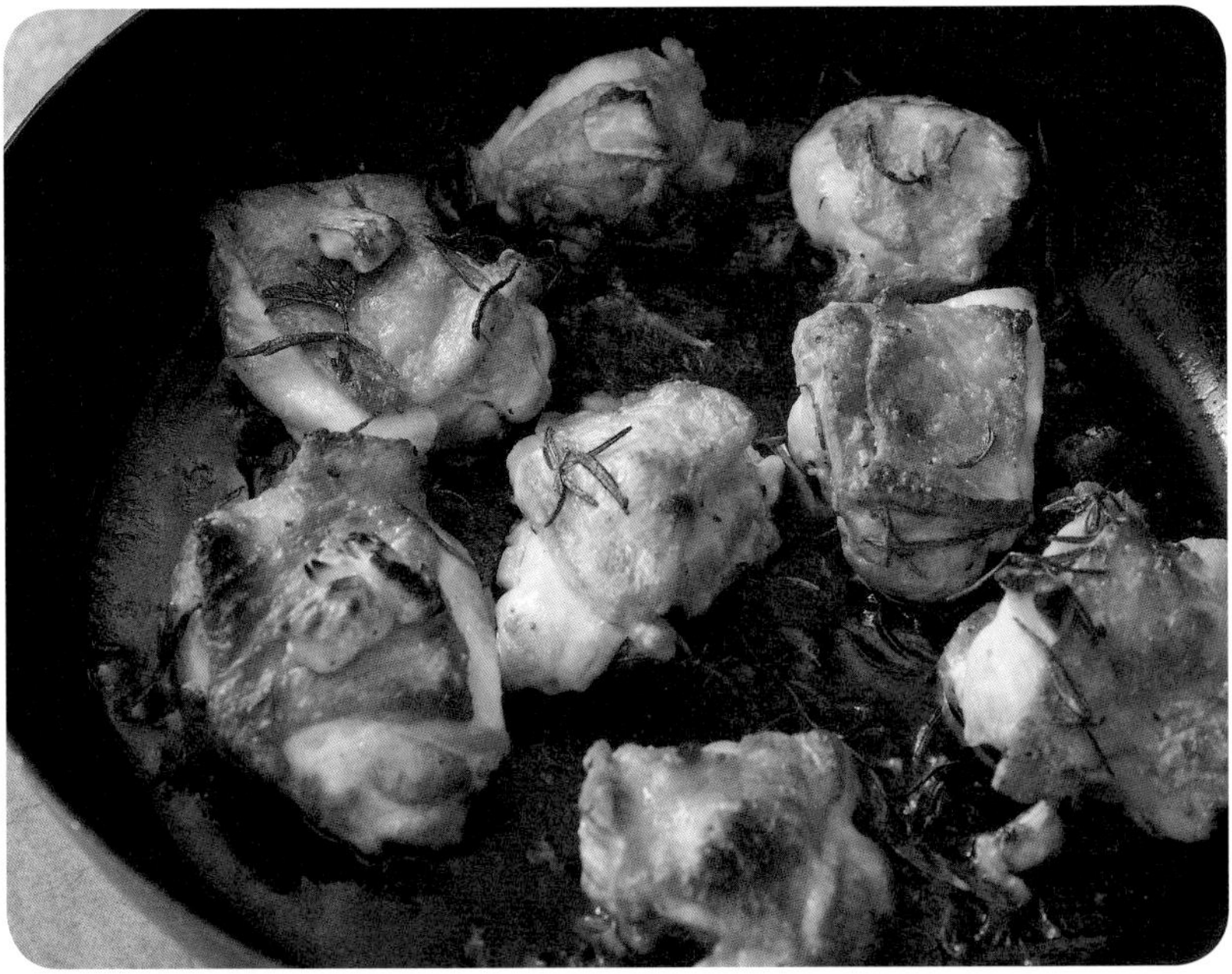

Q
68

丸ごとのイカは
どんなふうに調理しますか？

A

イカをさばくのは
魚よりもずっと簡単です。
私はさばいて冷凍しておきます。

イカには、スルメイカ、ヤリイカなど、いろいろな種類があります。私がよく使うのはやわらかいヤリイカ、赤イカ（白イカともいう）。とくにヤリイカは甘みがあり、値段も手ごろで、和洋中といろいろな料理に使えて便利です。

イカの処理は、魚よりずっと簡単。2分くらいでできてしまいます。

まず胴体の中に手の親指を入れ、脚とワタを抜き取ります。内側にはりついている軟骨を抜きます。次に指先で胴体からえんぺらをはずします。胴体の皮はむいてもむかなくても。お刺身で食べたいなら、皮をむいておきましょう。手でむきにくい場合は、さらしのふきんを使って皮をむきます。胴体の中に流水を入れ、きれいに洗います。

脚は目のすぐ下でワタと切り離します。ヤリイカの脚は短くて、吸盤も大きくないので吸盤をしごく必要はありません。胴体、えんぺら、脚をよく洗い、水気をしっかり拭き取って、それぞれをラップでぴっちり包んで冷凍します。ワタと軟骨は処分します。

イカを冷凍しておくと、必要なときにすぐに使えるだけでなく、冷凍すると寄生虫が死滅するので、お刺身として食べることもできます。食べるときは、半解凍で切ります。生でも、ゆでても、炒めても、サッと煮てもおいしいです。

甘みがあってやわらかいヤリイカで、イカをさばいてみましょう。思うよりもずっと簡単です。

【左上】 胴体の中に指を差し入れ、墨袋をつぶさないように内蔵と脚を抜く。軟骨を抜き取り、胴体の中をよく洗う。

【左下】 胴体からえんぺらをはずし、脚は目の下で切ってワタを取り除く。お刺身で食べるときは胴体の皮をむいた状態で冷凍する。

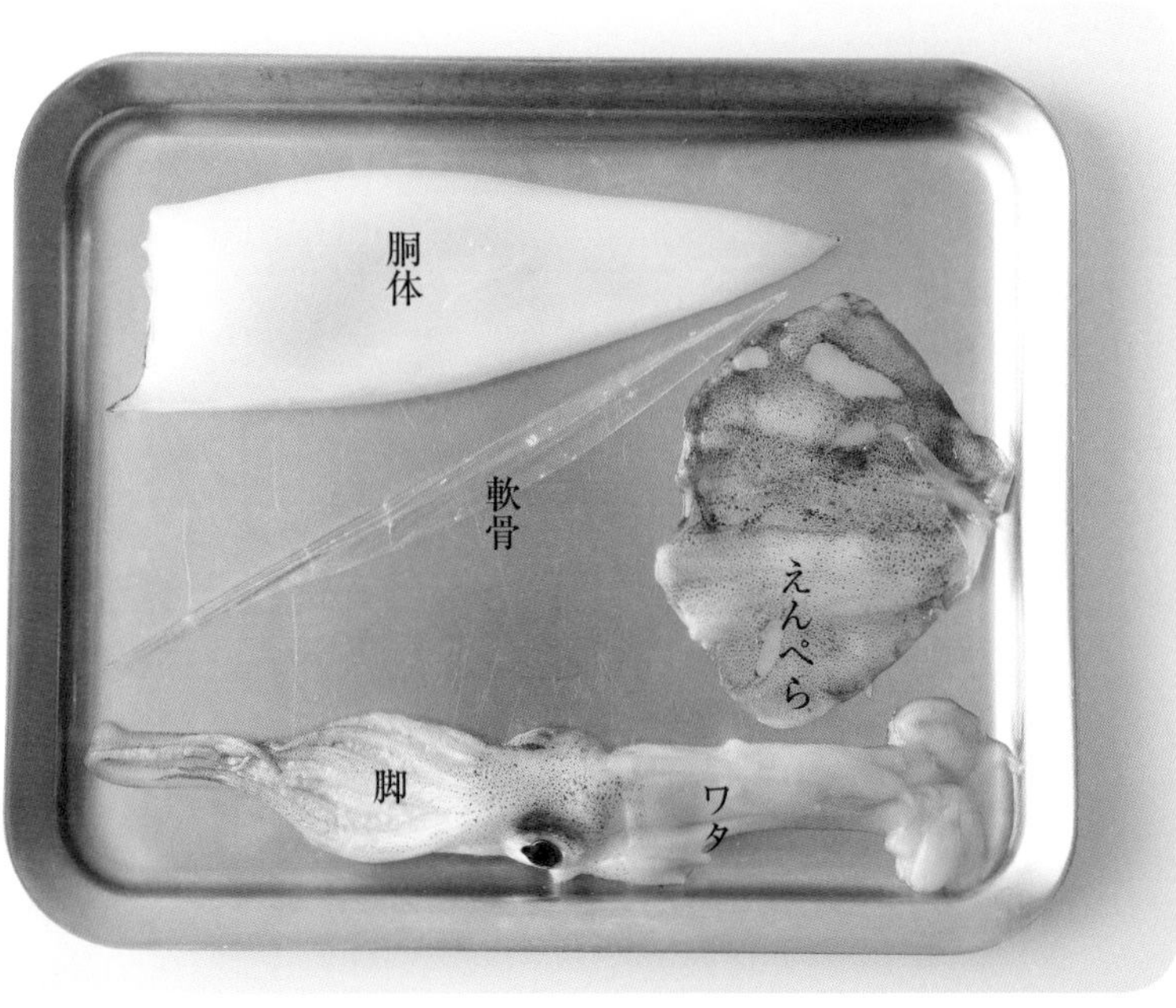
胴体
軟骨
えんぺら
脚
ワタ

Q 69

揚げ物をするとき、
油の温度は
どうやって判断しますか?

A

油の中に入れた
菜箸の先から出る泡の状態で
油の温度はだいたいわかります。

揚げ油の温度をみるには、乾いた菜箸を油の中に入れてみます。箸の先から泡がゆっくりと浮かんでくるのは低温（150〜160度）。細かい泡がたくさん出るのは中温（170度前後）、箸を入れるとすぐに全体から泡が勢いよく出るのは高温（180〜190度）と判断します。揚げ油は菜箸で混ぜて、油全体の温度が均一になるようにします。

火が通りにくいものは低温から揚げます。厚いとんかつやかたまり肉、唐揚げなど。かぼちゃやさつまいもといった厚みのある野菜を揚げるときも低温からじっくり揚げます。中温の油で揚げるのは、火の通りが比較的早いもの。かき揚げやフライドポテト、コロッケ。アジやイワシやカキ。魚は火の通りが早く、フライも素揚げも中温で短時間でOK。高温の油でサッと揚げるのは、なすやいんげんなど水分の多い野菜の素揚げです。

揚げ物は状態をよく見て、揚がる音を聞いて、温度が上がりすぎたら火を弱める、なかなか色づかないときは火を強めるというふうに、こまめな火加減の調節が大事です。

油は加熱すると酸化が早くなり、劣化します。疲れた油で揚げ物をすると体によくないのでなるべく新しい油で揚げましょう。使う油の量は、トンカツなど厚みのあるものは、かぶるぐらいの油量で揚げるのが基本です。

Q
70

トンカツの中まで
火が通っているかどうかの
判断が難しいです。

A

低めの温度で時間をかけて
じっくり火を通せば大丈夫。

揚げ物はシンプルです。火の通りにくいものや厚いものは、低めの温度からじっくりと時間をかけて揚げます。このとき油の量が少ないと温度を保つのが難しいので、「揚げ物が苦手」という人ほど、十分な量のある油で揚げることをおすすめします。

トンカツを低めの温度の油に入れたら、触らずに様子を見ましょう。トンカツのまわりから泡が出てきます。泡の出方や、素材から出る水分のパチパチという音が揚がり具合の目安になります。音が高くなりすぎたり、泡があまりたくさん出たりするときは、温度が上がりすぎているので火を弱めて温度調節を。

衣が色づいてかたくなってきたら、裏に返します。返すのは一度だけ。何度も返すと衣がはがれる原因になります。様子を見ながらじっくり揚げることが大事です。

火が通ってくると、音が少し静かになります。弱めの火加減で芯までじっくりとよく揚げ、持ち上げてふっと軽く感じるようになったら、いったん油から上げます。油の温度を上げて、もう一度トンカツを油に入れ、最後に強火でカリッと油切れよく揚げます。

Q 71

フライの衣が取れてしまい、
サクッときれいに
揚げることができません。

A

小麦粉もパン粉もしっかりつけること。
油の温度が低すぎないこと。
衣がかたくなるまで触らないことも
大事です。

フライは衣をしっかりつけます。まず大事なのは、素材の表面の水気をペーパーでしっかり取り除き、小麦粉を均一にうっすらとまぶしつけること。小麦粉は、溶き卵、パン粉をつけるための糊のような役目をしてくれます。粉が多すぎると、そこだけ部分的に衣が取れたり、逆に小麦粉がついていない部分には衣がつかなかったりします。

トンカツなら、バットに小麦粉をふり入れて豚肉をのせ、上からも小麦粉をふります。最初に肉に粉を多めにつけて、両手のひらで肉を軽くはたき、余分な粉を落とす。こうすると粉雪をまとったように、全体にうっすらと粉をまぶすことができます。

粉、溶き卵をつけたら最後にパン粉ですが、パン粉は両手で押さえるようにして、しっかりつけてください。

トンカツは低めの温度から揚げますが、油の温度が低すぎると衣が取れる原因に。トンカツのまわりから、ゆらゆらと少し泡が上がってくるぐらいの温度でじっくり揚げましょう。裏返すのは原則として一度だけ。表側の衣が色づいてかたくなってきたら裏返します。とにかく衣が色づいてかたくなるまではひっくり返さない、触らない。触りすぎると衣がはがれます。菜箸で衣に触れてみて、かたい感触になっていれば裏返すタイミング。揚げ物はあまり触らず、「見ている」ことが大事です。

フライは衣のつけ方と温度調節がポイント。コツさえつかんでしまえば、大きなトンカツも上手にできるようになります。

【左上】 小麦粉は肉に衣をくっつける「糊」の役割。たっぷりと粉をつけてから、手で余分な粉をはたき落とすと、全体にうっすらとしっかりまぶすことができる。この後、卵、パン粉の順につけて油の中へ。

【左下】 中まで火が通っているかどうかは、衣の状態を見ればわかる。こんがりとおいしそうなきつね色になるのがよい。

Q
72

献立が肉料理ばかりになりがちです。簡単にできる魚料理を教えてください。

A

フライパンなどで手軽に作れる魚料理を覚えておくといいです。子どもも大人も好きな味です。

塩焼きや照り焼き以外にも、魚をおいしく食べる方法はあります。たとえば私が子育て中に子ども達が好きでよく作ったのは、鮭のみそマヨネーズ焼きです。

生鮭の切り身を2~3等分に切って、細かくきざんだ長ねぎとマヨネーズとみそを混ぜ合わせたものを上にのせて、魚焼きグリルやトースターで焼くだけ。魚があまり好きではない人でも、これは喜んで食べてくれます。

青背魚は栄養の点からも積極的に食べたいもの。フライパンで作れる、いわしのビネガーソテーはおすすめです。これも子どもたちに人気でしたし、今でもよく作ります。

いわしは丸のままでも、三枚おろしでも結構です。フライパンにオイルをたっぷりめにひいて、いわしを中火ぐらいの火加減でゆっくり時間をかけて焼きます。いわしは水分の多い魚なので、丸ごとの場合はすぐには色づきません。あまり触らずにじっくりと焼いてください。おいしそうな焼き色がついたら、ひっくり返して裏側もこんがり焼きます。

いわしに火が通ったら、いったん火を消して油をペーパーで拭き取り、魚の上に粒マスタードをたっぷりのせ、酢をまわしかけて再び火をつけます。フライパンに流れたマスタードとビネガーのソースを魚にからめればできあがり。粒マスタードは火を通すと辛みが飛び、魚のくせや脂っぽさを消してくれます。あじやさんまで作ってもおいしいです。

ご飯に合う魚料理。簡単にできておいしいです。

◉鮭のみそマヨネーズ焼き

① 生鮭は2〜3等分に切る。長ねぎは小口切りにする。マヨネーズ2、みそ1の割合で混ぜ合わせ、長ねぎも混ぜる。

② 鮭の上にマヨネーズみそをこんもりとのせて、魚焼きグリルかオーブントースターで焦げ目がつくまで焼く。

◉いわしのビネガーソテー

① 丸のままのいわしは頭を切り落とし、腹に切り目を入れて腹ワタを取り除き、流水でよく洗う。腹の中に指を入れて、中骨の上にある血合いもしっかり洗い落とす。水気を拭いて両面とお腹の中に塩をふり、冷蔵庫に15分ほど置く。三枚おろしの場合も両面に塩をふる。

② フライパンを熱してオイルを多めにひき、いわしを中火でじっくり焼く。こんがり焼けたら返して裏面もしっかり焼く。

③ 火を消してフライパンに出た脂をペーパータオルできれいに拭き取る。魚の上に粒マスタードをたっぷりのせて、酢（やわらかい酸味がよければワインビネガーなど）をたっぷりふり、酸っぱいのがよければ米酢、再び火をつけ、いわしを返してソースとよくからめる。好みで塩少々をふってもよい。

Q 73

かき玉汁が濁ってしまいます。

A

静かに沸いているおつゆに卵を入れるのがコツです。溶き片栗粉を加えると失敗がありません。

かき玉汁が濁るのは、おつゆの温度が低いところへ卵を入れたり、卵が固まっていないうちにかき混ぜたりするからです。卵を入れてすぐにかき混ぜると、おつゆが濁り、逆におつゆがグラグラと沸騰しているところへ溶き卵を入れると、卵が一気に固まってしまい、ふんわりとやわらかくはなりません。

だし汁がちゃんと沸騰して熱くなっているけれど、グラグラではなくフツフツというくらいに沸いている火加減にします。塩で味をつけ、香りづけにしょうゆを少々加えます。そして、ここへ水溶き片栗粉を加えるとよいのです。片栗粉を5〜6倍の水で溶いて、ゆるい水溶き片栗粉を作り、これを静かに沸いているおつゆに入れます。おつゆをかき混ぜながら、水溶き片栗粉をとろみを感じない程度に加えます。

水溶き片栗粉がおつゆになじんだら、静かに沸いた状態のおつゆに溶き卵を細く円を描くようにして流し入れます。かき混ぜずに、卵が雲のようにふんわりと浮かんでくるのを待って、お玉ですくいとり、お椀によそいます。

ふわりとしたかき玉汁の秘密は、とろみを感じない程度に水溶き片栗粉を入れることです。

［左上］だし汁を温めて塩味をつけたら、5～6倍の水で溶いたゆるい水溶き片栗粉を、とろみがつかない程度に加える。

［左下］水溶き片栗粉を加えたおつゆに、溶き卵を静かに流し入れる。かき混ぜずに、すべての卵が浮かんでくるのを待って、お玉でお椀によそう。

Q 74

みその“煮えばな”とは
どんな状態ですか？

A

煮立つ一瞬前のこと。
グラグラと煮立たせてしまうと、
みその風味がなくなります。

みそ汁は、だしが沸いたところへ、みそを溶き入れます。お玉にのせたみそをだし汁に沈めて、菜箸で静かに溶かします。みその粒がないすっきりとしたみそ汁にしたい場合は、小さなざるにみそを入れ、だしに沈めて溶きます。

みそを入れたら、煮ません。煮るとみその風味が落ちるからです。そして〝煮えばな〟をよそいます。

〝煮えばな〟というのは、だしにみそを溶いて、みそ汁が再び沸いてきて、ふうっと沸きかけたところです。煮えばな＝煮えるはじまり。煮立つ直前の状態です。ぐらぐらと煮立たせてしまうと、みその新鮮なよい香りが飛んでしまい、味もなんとなく濁ったような感じになります。

食卓にご飯とみそ汁があったら、まずは温かいみそ汁からいただきたいですよね。そのとき、みそ汁がすごく熱かったら、困ってしまいます。ぐらぐらと煮えた、熱くて飲めないようなみそ汁ではおいしさがわかりません。

〝煮えばな〟をよそったみそ汁ならば、食卓に運んでくる間に、飲んでちょうどいい温度になる。食事のはじまりに、まずはひと口含んで「ああ、おいしい」とほっとするみそ汁の温かさになっています。みそ汁のおいしさは、そこにあります。

Q 75

お弁当の
おかずを思いつかず、
冷凍食品に頼りがちです。

A

たとえば、牛肉とピーマンの炒め物、
ゆでた青菜のおかかじょうゆ。
ふだんのおかずを詰めればいいのです。

お弁当のおかずは、ふだんのごはんが基本です。私も家族のためにお弁当作りを長年してきたし、今でも自分のためのお弁当を作りますが、ふだん食べていておいしいと思うおかずをちょっと工夫して詰めています。

たとえば牛肉と赤ピーマンの炒め物。1～2㎝幅に切った赤ピーマンをサッと炒めて取り出し、食べやすく切った牛肉の切り落としを炒めて、しょうゆとオイスターソース（みりんを加えても）で味をつけ、ピーマンを戻し入れて炒め合わせます。野菜を切るところから5分もあればできる簡単なおかずで、色どりもきれいで冷めてもおいしいです。

肉じゃがやぶりのみそ漬けも入れるし、玄米ご飯に目玉焼きをのせてしょうゆをたらす大好きな食べ方を、そのままお弁当にすることもあります。

副菜もふだんのおかずの延長です。野菜のきんぴら（184ページ）はお弁当の名脇役。かつお節をしょうゆでちょっとしめらせて、ゆでた小松菜やブロッコリーの上にのせるのも私の十八番です。あえるのではなく、食べるときにおかかじょうゆをからめるほうが水分が出ず、おいしいです。水気を絞ったキャベツの塩もみを入れてもいいし、味のしっかりした肉や魚のおかずのときは、ゆでただけのスナップえんどうやオクラを入れることも。毎日のお弁当は肩肘張らずに気楽に作りましょう。

きじ焼き弁当は、弁当箱にご飯を詰めて、細かくちぎった海苔をのせ、上に焼いた鶏肉と、数種類のおかずをのせます。ごま、七味唐辛子を好みでかけて。

【左上】 鶏もも肉をひと口大に切り、油をひいたフライパンで焼く。メープルシロップ、しょうゆを加えて味をからめる。

【左下】 ししとうは、油をひいたフライパンでサッと炒めて塩をふる。蒸し野菜は、ブロッコリー、キャベツ、にんじんを蒸す。ほうれん草のおかかじょうゆは、ゆでたほうれん草に、ちょっとしめる程度にしょうゆを加えたかつお節をのせる。

Q
76

忙しい朝、時間をかけずにバランスのよい朝食を作るには？

A

鍋ひとつで5分でできる
私のリアルな朝ごはんを
ご紹介します。

私はあまり得意ではありません。「だから食べない」のではなくて、むしろ野菜もタンパク質も炭水化物もバランスよくとれる朝ごはんを食べて、口を動かしているうちに、頭も体も起きてくる感じです。

朝は手をかけなくても、朝ごはんらしい朝ごはんを食べたいものです。最近気に入っているのが、鍋ひとつでできる蒸し料理です。

鍋に底から3〜4cm水を入れ、鍋よりひと回り小さなざるを中に入れて、ふたをして火にかけ沸騰させます。次に、鍋に入る口径のざるや平皿などに、卵、ソーセージ、冷凍しておいたパン、ブロッコリーやズッキーニやトマトなどそのときにある野菜をのせます。これを蒸気の上がった鍋のざるの上にのせ、ふたをして5分蒸します。

5分後、ふたを開けてみると――パンはふっくらとし、野菜にはほどよく火が通っています。そして卵は白身は固まっていて黄身がとろりとした、ベストな状態になっているのです。蒸し卵、すごくおいしいです。おすすめです。

「蒸す」という調理法は、ゆでるよりも炒めるよりも素材に早く火が通ります。そして素材の味が濃く感じられます。自宅に蒸し器がないので、私は鍋とざるを使って蒸します。家族が多ければ、もちろん大きな鍋やざるで作ればいいのです。

朝食には「蒸す」がおすすめ。5分でバランスのよい朝ごはんができます。

【左上】　蒸し器がなくても、鍋＋小さなざる＋浅ざる（あるいは平皿）で「蒸す」ことができる。鍋中のお湯が沸いたら、パン、卵、野菜を並べた浅ざるを、鍋に入れたざるの上にのせ、ふたをして5分加熱（わかりやすくするために、写真は沸騰前の状態）。

【左下】　パンは冷凍のまま蒸してOK。蒸してふわっとやわらかくなったパンに、ジャムや、オリーブオイルとハチミツをつけて食べると美味。蒸し野菜はお弁当のおかずにも。

Q 77

市販のソースに頼らずに、サッと作って食べられるパスタを教えてください。

A

パスタをゆでている間にソースができてしまうミニトマトのパスタがおすすめです。

パスタをゆでている間に、ソースもできてしまうとうれしいですね。たくさんの生のミニトマトで作る私の好きなパスタをご紹介しましょう。フレッシュなおいしさです。

鍋にたっぷりの水を入れて火にかけます。パスタ200gならお湯は2ℓは必要です。

お湯を沸かしている間にミニトマトのへたを取り、半分に切ります。

ゆで湯を沸かしている鍋の隣のコンロにフライパンを置いて、ソースを作ります。オリーブオイルをひき、つぶしたにんにくを入れて弱火にかけます。にんにくの香りが立ったら、プチトマトを切り口を下にして並べ、上からオイルをまわしかけて中火にかけます。

パスタのゆで湯が沸騰したら塩（お湯1ℓにつき大さじ2/3）を入れます。野菜のソースのパスタのときは、お湯をなめて、しょっぱいと感じるぐらいの塩を入れてゆでます。スパゲッティを入れてかき混ぜ、タイマーをセットしてスパゲッティをゆで始めます。表示されているゆで時間よりマイナス2分がうちのゆで方です。

ソースのプチトマトが少し煮崩れてきたら、ヘラで軽くつぶします。スパゲッティがゆだったらソースの鍋に移し、ミニトマトのソースとよくからめます。パスタについているゆで湯の塩分だけでは足りないようならば、塩少々をふってあえます。これでできあがり。

10分強でできるミニトマトのパスタ、やみつきになるおいしさです。

パスタをゆでている間にできてしまうフレッシュトマトのソースです。まずトマトを半分に切ってからパスタをゆで始めましょう。

[左上]　パスタをゆでる湯の隣で同時にソース作りを。オリーブオイルをたっぷりひいた鍋につぶしたにんにく2～3かけを入れて弱火で炒め、へたを取って半分に切ったミニトマト（パスタ200gに対して30個ぐらい）を切り口を下にして並べる。

[左下]　ミニトマトを中火にかけて、火が通ってきたらヘラで軽くつぶす。スパゲッティがゆだったらソースの鍋に移してソースをからめる。パスタの湯はきらないほうが、ソースにゆで湯が適量入ってオイルとなじみ、パスタを絡めやすい。味をみて足りなければ塩少々を加えてあえる。

4章　道具と片づけ

Q
78

包丁はどんなものを選べばいいですか？

A

万能な三徳包丁と、小さなペティナイフの2種類があるといいです。

あまりたくさんの道具を持ちたくないなら、包丁は2本、つまり2種類だけ持てばいいと思います。

まずは三徳包丁。台所仕事の基本となる包丁です。刃渡りは16㎝前後。幅、長さともしっかりあるので、丸ごとのキャベツや白菜を切ることもできます。もちろん、玉ねぎをみじん切りにしたり、大根をせん切りにしたり、お肉を切ったりと万能に使える包丁です。

もうひとつは、ペティナイフと呼ばれる小さな包丁。刃渡りは12㎝前後。しょうがの皮をむいたり、ねぎをみじん切りにしたりはもちろん、手の延長のように小回りが利くので、ペティナイフであじを三枚におろすこともできます。この2本さえあれば、たいていの家庭料理は作れます。

包丁は柄の太さや長さがまちまちです。握ってみて、自分の手にフィットするものを選んでください。

包丁の切れ味がよく、切った野菜の断面がきれいならば、料理はやっぱりおいしくできるのです。「料理の腕に自信がないから、適当な包丁でいい」と思っているとしたら、それは考え方が逆。まずはよく切れる包丁を使うことです。細い大根のせん切りができれば、それだけでみそ汁の味が変わります。包丁の切れ味は味を左右します。

三徳包丁の三徳とは「三つの用途」の意味。肉、魚、野菜などオールマイティに使える包丁です。ペティナイフは小回りが利き、手の延長として使える包丁。野菜やくだものの皮をむくのはもちろん、魚をおろすときもペティナイフを使えば、骨と身の間に刃がスッと入るのできれいにおろせます。

【左下】 アスパラガスの根元のかたい皮は、ペティナイフを使うと簡単にむける。根元から穂先へ向かって下から1/3〜1/2ほどをむく。

三徳包丁
ペティナイフ

Q 79

調理道具で持っていると便利なものは？

A

バットです。バットがあると下ごしらえが格段にラクになります。

ボウルやざるはあるけれど、バットは持っていない、という人が多いようです。バットがないと、料理の段取りは確実に悪くなります。

バットがあれば、肉を並べてまんべんなく下味をつけられる。炒める前の切った野菜をまとめておける。包んだ餃子をきっちり並べておける。あさりが重ならず入るので、砂出しにも重宝。肉や魚を調味料やハーブでマリネするのにうってつけ……。バットの使い道は本当に無尽蔵。

バットを数枚持っていれば、フライの衣をつけるのもラクです。小麦粉、溶き卵、パン粉をそれぞれバットに入れて並べ、トン、トン、トンと順番に衣をつけていけばいい。つまり仕事がスムーズなのです。また、バットは四角いので、並べたときに余分な隙間ができず、ボウルよりも作業台を効率よく使えます。

バットのフタにもなるプレートがあれば、フタをした状態でバットを重ねることができるので、さらに省スペース。バットと重ねられる角ざるがあれば、ゆでた野菜の熱をとったり、魚に塩をふって冷蔵庫に入れたりできます。バット、角ざる、プレートの3点セットは便利です。こうした道具はステンレス製に限ります。ステンレスは汚れが落ちやすく、よく冷えるので、冷蔵庫に入れたときに素材の鮮度が保たれます。

Q
80

タワシやスポンジを
きれいに保つには
どうすればいいですか？

A

タワシやスポンジじたいを
よく洗うこと。
置き場所も大事です。

私は食器以外のものは、たいていタワシで洗います。鍋もフライパンもまな板もタワシです。よく使うので、握りやすいサイズや形状のものを選びます。最近はさまざまなタワシがあるので、試してみて使いやすいのはどれかを吟味するといいでしょう。

なかでも国産の棕櫚《しゅろ》で作られたタワシはしなやかなのにコシがあり、外国産とは使い勝手のよさがまるで違います。国産の棕櫚は希少で値段は張りますが、とても長持ちします。

タワシにはご飯粒などが入り込むので、使い終わったら、タワシを手のひらでシュッシュッとこすり、詰まっているものを取り除きます。タワシが二つあれば、タワシどうしをこすり合わせて洗うのがいいです。スポンジも毎日手にするものですから、感触のよいものを選んでください。使い終わったら流水でよく洗います。

タワシやスポンジは清潔な状態で置いておきたいですね。水気がきれるので、私は水切りかごの隅に置いています。水切りかごはあくまでも通過点。洗い物をしたら食器も道具もすぐに拭いてしまうので、空っぽの水切りかごがタワシの指定席になっているのです。

ほかの場所に置くとしたら、シンクの上の角のあたりに、水切れがいいように立てたりつるしたりしておくのがいいです。スポンジ類を入れる容器もありますが、容器じたいが汚れるので、容器は使わずそのまま置いたほうが衛生的です。

タワシは手に収まる小さめサイズが使いやすいです。ごぼうなどの野菜を洗うときにも使うので、国産の棕櫚などのしなやかなタワシがおすすめです。

【左上】　長いタワシはまな板、フライパン、鍋を洗うときに。ごぼうなどの野菜もこれで洗う。小さめのタワシは茶碗やじゃがいもなど、小ぶりのものを洗うときに便利。

【左下】　タワシを二つ持っていたら、タワシどうしを流水の下でこすり合わせて洗うと汚れがきれいに落とせる。

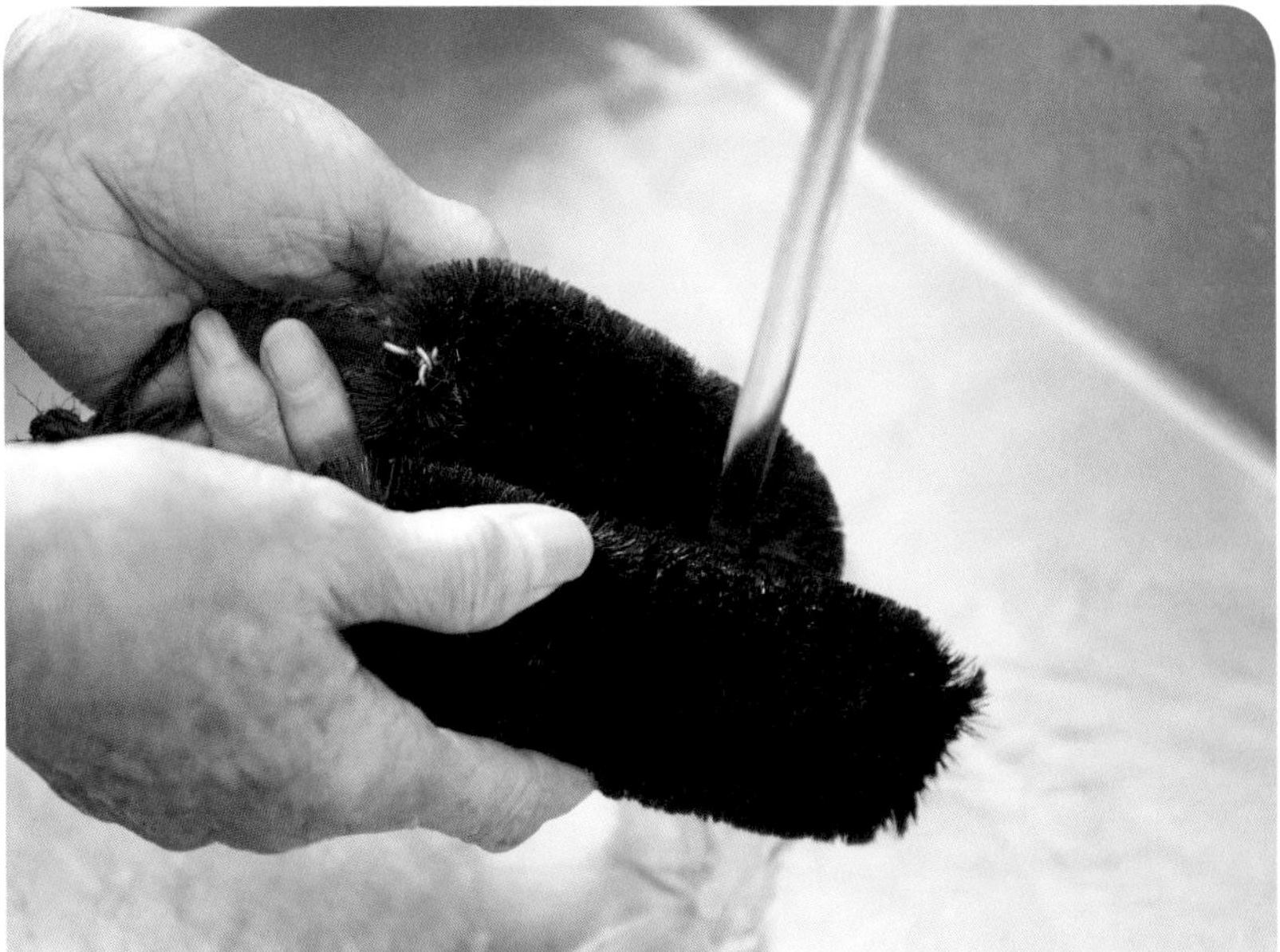

Q 81

まな板はどんなふうに手入れをすればいいですか？

A

とにかく、タワシを使って
水でよく洗うことです。
においが残っているうちは
まだ汚れが残っているのです。

まな板についている汚れはどんなものでしょう？　野菜を切っただけならば、タワシでサッと洗い、水で流せばよし。肉や魚といったタンパク質のものならば、タワシでゴシゴシよく洗い、流水でよく洗います。タンパク質の汚れは、お湯で洗うと凝固してしまうので、水で洗うのがいいです。

まな板に油や脂がついているときは、まずはタワシに少し洗剤をつけてゴシゴシと洗って油脂を落としてから、タワシと流水でよく洗います。洗ったら手の平で触って汚れが残っていないか確かめます。においをかいでみてください。なんらかのにおいがする場合は、まだ汚れが残っているということ。さらによく洗います。目、鼻、手を動員して汚れを確かめましょう。

すっかり汚れが落ちたらふきんで水気を拭き取り、立てて水ぎれのよい状態で置いておきます。完全に乾いたら、まな板置き場に納めます。ちなみに私はキッチンの戸棚に、まな板数枚を立てた状態でしまっています。「立てて水気をきる」「立ててしまう」ために、まな板は厚めで自立するものがいいです。

なお、木のまな板は天日に干すと変形してしまうので、陰干しをします。

Q 82

後片づけが面倒です。
効率よく行う
コツはありますか？

A

なるべく洗い物をためないことです。
洗い物がたまったら、
まずは「洗いかご」の中から
片づけます。

一度にまとめて片づけようと思うと、シンクやシンクまわりに汚れたものが山ほどたまって、山ほどたまっているものを見るとウンザリしてしまう……。私も例外ではありません。だから、後片づけはあとでまとめてではなく、こまめにするのがおすすめ。

ボウルや鍋は調理中に洗って片づけます。お湯を沸かしている間、煮込んでいる間など、調理中にも案外、手が空く時間があるものです。そういう時間に洗って、水切りかごに入れ、拭いて、しまう——までやってしまう。水切りかごは通過点。食器や道具を水切りかごに置いたら、すぐに拭いてしまう習慣をつけるといいです。そうして食卓につくときには、シンクの中と水切りかごの中を何もない状態にしておく。これが理想です。

でも、それでも洗い物がワッとたまってしまうことがあります。そうなったら、最初に手をつけるところはどこでしょう？　水切りかごです。水切りかごの中を空にすることから始めます。次に、こわれやすい食器やカトラリーを洗います。鍋やフライパンは流しの中に何もない状態でしっかり洗いたいので、最後です。

台所仕事は「流れ」がポイントです。滞らせないことです。たとえばシンク内の排水受けに生ゴミがたまっていたら、まずはそこから片づける。滞っていて、台所仕事の流れの妨げになるところから手をつける。流れをスムーズにすることが、とても大事です。

Q 83

料理をする気が起きないときは
どうすればいいですか？

A

私にも、そういうときがあります。
そんなときは、
何も考えずに野菜を洗います。

私にも何もしたくないときがあります。疲れていたり、なんだか元気が出なかったり。これが食べたい、という体の声を聞いて食事をしていれば、健康でいられると思っていて、実際そうしていますが、元気がなくて体の声も聞こえなくなってしまう……そんなときもあります。

そういうときにどうするか。やはり、自分で作ったごはんを食べて、体に元気になってもらうしかないのです。

料理をするのが面倒、と思ったら、頭で考えずに先に手を動かしてしまうことです。何を作るか決まっていなくても、とりあえず、じゃがいもを洗ってみる。青菜を洗ってみる。そのときに台所にある野菜をきれいにしたり、水に浸けてシャキッとさせたりして、手を動かしていると、そのうちに心も動き始めます。このじゃがいもを蒸してポテトサラダにしよう、青菜をゆでてごまあえにしよう、そんなふうにイメージが湧いてくる。

あるいは、何も考えずにエプロンをつけてしまう。これは案外効果的です。エプロンをつけて、ひもをキュッと結ぶと、自然とやる気が出てきます。エプロンをつけて冷蔵庫の扉を開けると「そうだ、これを煮ておこう」と、いつの間にか常備菜作りが始まったりするのが私の常。こんなふうに、自分の気持ちを徐々に動かしていきます。

Q 84

台所が狭くて小さいのですが、使いやすくする方法はありますか？

A

「使いやすい台所」は狭い・広いの問題ではないのです。大事なのは、作業台を確保すること。

使いやすい台所とは、どんな台所でしょう？

必要なものがすぐに取り出せることは大事です。人それぞれ好みがあり、道具や調味料を出しっぱなし（見せる収納）にしておきたい、という方もいるでしょう。私自身はものが出ていない台所で、そのときに使う道具や素材だけと向き合うほうが作業がスムーズ。だから、ものは基本的に扉の中にしまっています。

どこに何をしまうかは、その家ごとに違います。じつは私もしょっちゅう、扉の中のものを動かしています。「こっちのほうが使いやすいかしら」と、道具の置き場所や並べ方を変えるのです。「何かつっかかるな」と感じたら、そのつど変えてみる。それを繰り返しながら、ようやく「今の自分の台所」の指定席が決まってくる気がします。

そしていちばん大事なのは、作業台を確保することです。「台所」というぐらいで、キッチンには作業をする「台」がなければ始まりません。キッチンが狭い・広いにかかわらず、作業台がちゃんとあることが、使いやすいキッチンの大前提です。

ものを減らしてでも、作業台を確保しましょう。作業台のスペースが狭いならば、たとえばまな板や水切りかごを小さくして、そのぶん、作業台を広くするのも手です。調理途中のものを置いたりする補助の作業台として、ワゴンなどを置くのもいいと思います。

Q 85

道具や調味料、食品類など、
台所のどこに何があるか
わからなくなってしまいます。

A

まず、道具と食品とに
きっちり分けることをおすすめします。

キッチンにあるのは調理道具と食品、それから食器類です。食器はある程度まとまって棚などに納めてあると思いますが、道具と食品が混在している家が多いと思います。

置き場所を決めるとき、道具と食品をしっかり分けるといいです。物を分類することが大事です。食品というのは乾物や缶詰はもちろん、米、買い置きの調味料やスパイス、水に至るまで口に入れるすべてのものです。

わが家ではキッチンの隣にある小さなスペースを食品庫、パントリーにしています。パントリーといっても、人ひとりが立てるだけの小さな空間です。その壁にコの字形に棚を造り付けて、びん入りの調味料や、缶に入れた乾物などをずらりと並べています。

コの字形の中に立つと、どこに何があるか一目瞭然。扉のないオープンな棚ですし、棚の奥行きをわざと浅くしてあります。奥行きが深いと、後ろにあるものを忘れてしまうので。このパントリーはキッチンとひと続きの場所ですが、キッチンの外からは見えない位置。パントリーに雑多なものがしまってあってもキッチンはすっきりして見えるわけです。

私も、家の変遷によって、一部屋をパントリーにしていたこともあれば、一台のエレクターをパントリーに見立てて食品だけを収納していたこともあります。とにかく食品をひとまとめにする。これだけでキッチンの使いやすさ、管理しやすさは変わってきます。

有元葉子　ありもと・ようこ
3人の娘を育てた専業主婦時代に、家族のために作る料理が評判となり、料理家の道へ。素材を活かしたシンプルでおいしい料理だけではなく、洗練された暮らしぶりや、軽やかに人生を楽しむ生き方が世代を超えて熱い支持を集めている。メーカーと共同開発するキッチン用品「ラバーゼ」のシリーズは使いやすさと機能美を追求し、ファンが多い。著書に『レシピを見ないで作れるようになりましょう。』シリーズ（SBクリエイティブ）、『光るサラダ』（文化出版局）など多数。
https://www.arimotoyoko.com/

ブックデザイン　若山嘉代子 L'espace
撮影　三木麻奈、中本浩平（P.21、P.61下）
構成　白江亜古
編集担当　八木麻里

レシピ以前《いぜん》に知《し》っておきたい
今《いま》さら聞《き》けない料理《りょうり》のこつ

２０２０年５月25日　第１刷発行
２０２０年９月10日　第２刷発行

著者　有元葉子《ありもとようこ》
発行者　佐藤　靖
発行所　大和《だいわ》書房
東京都文京区関口１－33－４
電話　０３－３２０３－４５１１

本文印刷　廣済堂
カバー印刷　廣済堂
製本　ナショナル製本

ISBN978-4-479-78506-4

http://www.daiwashobo.co.jp